Rezepte und Weisheiten nach Hildegard von Bingen

Kochen für Leib und Seele

Schwester Hiltrud Gutjahr
Pasquale Piccinno

Rezepte und Weisheiten nach
HILDEGARD VON BINGEN
Kochen für Leib und Seele

Weltbild

Vorwort der Autoren

Dieses Buch ist der gelungene Versuch, eine Brücke über 900 Jahre
zu bauen. Hildegard von Bingen (1098–1179), die große Universalgelehrte des
12. Jahrhunderts, deren Strahlkraft bis in unsere Zeit hinein hell leuchtet, hat
keine Rezepte hinterlassen, wohl aber eine Fülle von Pflanzen- und Gewürz-
beschreibungen sowie Empfehlungen über die Heilkräfte der Natur. Es ging ihr
um heiles und gesundes Leben im ganzheitlichen Sinne, um ein erfülltes und
sinnvolles Leben, um Lebensmittel, die wahrhaft Mittel zum Leben sind. Damals
wie heute litten die Menschen an vielfältigen Erkrankungen – nicht wenige
davon waren und sind ernährungsbedingt. Gesunde Ernährung und ein maß-
voller, ausgeglichener Lebensrhythmus sind deshalb die Säulen, auf denen
Hildegards Gesundheitslehre aufbaut.

Heute können wir auf eine viel größere Zahl von Lebensmitteln zurückgreifen
als dies vor 900 Jahren der Fall war – Kartoffeln und Süßkartoffeln, Paprika,
Tomaten und Auberginen sind nur einige wenige Beispiele. Es wäre ganz im
Sinne der heiligen Hildegard, solchen, damals noch unbekannten, Geschenken
der Natur wache Aufmerksamkeit zu schenken und damit die Weisheit und die
Erkenntnisse der großen Klosterfrau nicht nur anzuwenden, sondern auch in
ihrem Sinne weiter zu entwickeln für unsere Zeit.

Im ersten Teil dieses Buches werden zunächst die Ernährungslehre der heiligen
Hildegard und ihre Quellen eingehend dargestellt. Dabei geht es um die Grünkraft als Lebenskraft im Allgemeinen und um die vielen einzelnen Nahrungsmittel aus der Schöpfung in ihrer besonderen Feinstofflichkeit. Im zweiten Teil
des Buches erfolgen die praktische Anwendung und die Umsetzung für eine
gesunde, moderne und zugleich mediterrane Küche. Die Rezepte sind ebenso
klassisch wie ausgefallen und verbinden Altes und Neues auf harmonische
Weise miteinander.

Dass wir zueinander gefunden und uns mit unseren eigenen Erfahrungen und Kenntnissen fruchtbar ergänzen konnten, verdanken wir der Klosterküche der Abtei St. Hildegard. Hier lernten wir uns kennen und konnten voneinander lernen: Der italienische Koch mit seiner langjährigen Erfahrung aus der Vollwert- und der internationalen Küche entdeckte den Dinkel, spezielle Gewürze und vieles mehr aus der hildegardischen Küche; die Ordensschwester, die sich ganz im Dienst der Weitergabe des Erbes und der Tradition der heiligen Hildegard engagiert, konnte Einblick in die Geheimnisse einer guten und guttuenden Küche gewinnen und vieles auch selbst ausprobieren und an suchende Menschen weitergeben.

Möge dieses Kochbuch, das zugleich ein genussvolles Lebensbuch sein möchte, den Leserinnen und Lesern ein Weg zu einer gesunden, leichten und vorzüglichen Küche weisen!

Sr. Hiltrud Gutjahr OSB
Pasquale Piccinno, Küchenmeister

Inhalt

Teil I

Hildegard von Bingen

ost
uid
omia
& om
turt
mot
sta sun
aer. & aq
perunt. & tram moue
runt. fulgura & toni
crepuerunt: montes. &
ciderunt. ita ut omne q
tale erat uitam exalar
omia elemta purgata si
ut qcqd uneis sordidum
tali in euanesceret qd an
apparerет. Et t auduu uoc
ximo clamore p totu orbe ti
uociterantем & dicentем. O uos ti
minu qui intra iacetis. surgi
Et t ecce omia ossa hominu in
loco trarum erant. uelut iun
mento ogregata. & sua carne
ta sunt. & omis homines intr
ambris & corporibs suis intsexu si
rexerunt boni inclaritate fulg
& mali innigredine apparent
ut & opus cuiq; inipso apte
ret. Et quidam ex eis ifide si
erant. quidam aut non. ita

Hildegard von Bingen: Ihre Vision vom heilen und gesunden Leben

Hildegard von Bingen:
Ihre Vision vom heilen und gesunden Leben

Dem Menschen ist die ganze Schöpfung als Lebensraum anvertraut:

> Gott hat den Menschen mit den Elementen und übrigen Geschöpfen
> ausgerüstet, damit die gesamte Schöpfung ihm in allem beistehe und
> an seinem Werke teilhabe, so dass er mit ihnen wirkt. Der Mensch
> kann ohne die Schöpfung weder leben noch bestehen. (LDO, S. 40)

Unsere Nahrungsmittel beziehen wir aus der Schöpfung, in der alles auf einander bezogen ist.

> Alles, was in der Ordnung Gottes steht, antwortet einander. Jedes
> Ding dient einem Höheren, und nichts überschreitet sein Maß.
> (LVM, S. 94)

> Die Kräuter bieten einander den Duft ihrer Blüten. Die ganze Natur
> steht dem Menschen zu Diensten, und in diesem Liebesdienst legt sie
> ihm freudig ihre Güter ans Herz. (LVM, S. 34)

> Jede Nahrung und alle Getränke soll man in geziemender Weise, nicht
> zu warm und mäßig genießen, damit der Mensch nicht durch die
> verschiedenartigen in ihnen enthaltenen Säfte geschwächt wird und
> seine Natur nicht in schädlicher Lust über ihr Maß hinausgeht. Wie
> die Erde in ihrer Fruchtbarkeit beeinträchtigt wird, wenn die Sonne
> sie ohne die mäßigende Einwirkung von Luft und Tau maßlos durch-
> glüht, ebenso leidet auch der Mensch an seiner körperlichen Gesund-
> heit Schaden und wird zur Fleischeslust aufgeregt, wenn er die Hitze
> der Speisen und Getränke unmäßig in sich aufgenommen hat.
> (CC, S. 215)

> Wenn der Mensch maßvoll seinen Leib pflegt, dann spiele ich in
> Fürbitte für ihn im Himmel; solange sein Leib in Maßen durch die
> Nahrung erquickt wird, singe ich zur Harfe. (LVM, S. 88)

Mit diesen Worten der hl. Hildegard von Bingen ist der Sinn dieses Buches
umrissen. Es will eine Lebenshilfe sein für Menschen, die auf der Suche nach
ihrem eigenen Lebensstil und nach dem rechten Maß sind, damit der innere
Mensch atmen und singen kann. Solche Lebensfreude drückt sich dann auch
im kreativen Kochen aus.

Die Rezepte dieses Buches orientieren sich an den Erkenntnissen der Ernährungslehre und Lebensführung der Seherin aus dem 12. Jahrhundert. Da die Aussagen über den Menschen in all seinen Bezügen zur Schöpfung, zum Mitmenschen, zu Gott heute besonders aktuell sind, ist dieses „Koch- und Weisheitsbuch" ganz bewusst in den großen Zusammenhang des Lebens hineingestellt.

Im ersten Teil findet sich eine kurze Biographie der hl. Hildegard, dieser Benediktinerin aus dem 12. Jahrhundert, deren Weisheit für unsere Zeit so aktuell und im wahrsten Sinne des Wortes not-wendend sein kann. Im zweiten Teil wird die Grünkraft, die *Viriditas*, als Lebenskraft beschrieben. Im dritten Teil die Ernährungslehre im Einzelnen dargestellt. Schließlich soll sich der Leser im vierten Teil an schönen Rezepten erfreuen und Lust bekommen, diese auszuprobieren.

Hildegard von Bingen selbst hat nie ein Kochbuch geschrieben, aber in ihren naturkundlichen Schriften finden sich eine Fülle von Hinweisen für eine „zeitlos gültige Ernährung".

Wer war Hildegard von Bingen?

Hildegard wird 1098 als zehntes Kind des Edelfreien Hildebert von Bermersheim und seiner Frau Mechthild im Rheinhessischen bei Alzey geboren. Mit 14 Jahren geht Hildegard mit ihrer Verwandten Jutta von Sponheim in die Frauenklause, die dem Benediktinerkloster auf dem Disibodenberg angeschlossen war. Hier wird Hildegard mit noch anderen jungen Adligen, die zur Erziehung auf den Disibodenberg geschickt wurden, im Singen der Psalmen und in den Gesängen Davids unterwiesen und mit der Heiligen Schrift vertraut gemacht. Der Alltag der Benediktinerin ist bestimmt vom Wechsel zwischen Stundengebet, geistlicher Lesung und Arbeit. Im Jahr 1114 legt Hildegard ihre benediktinischen Ordensgelübde ab. Über die Zeit danach bis zu Juttas Tod im Jahre 1136 schweigen die Quellen. Mit 38 Jahren übernimmt Hildegard die Leitung der kleinen Frauengemeinschaft.

Im 43. Lebensjahr erhält sie von Gott den Auftrag zu künden und zu schreiben, was sie sieht und hört. Mit diesem Auftrag Gottes beginnt für Hildegard ein neuer Lebensabschnitt. Es entsteht ihr erstes Buch *Scivias, Wisse die Wege,* an dem sie zehn Jahre schreibt.

Auf der Synode von Trier, die von 1147 bis 1148 dauerte, wird Hildegard durch Papst Eugen III. in ihrer Sehergabe bestätigt. Hinter ihr steht von nun an die höchste kirchliche Autorität, sie ist eine anerkannte Prophetin. Durch die Gründung des Klosters Rupertsberg, das sie 1150 mit 18 Nonnen bezieht, löst sie ihren Konvent von den Mönchen auf dem Disibodenberg. In diesen Jahren 1151 bis 1158 erfolgt auch die Niederschrift der heil- und naturkundlichen Schriften *Liber subtilitatum diversarum naturarum creatarum*, das Buch über die Feinheiten der verschiedenen Naturen der Geschöpfe. Heute ist diese Schrift in zwei Büchern überliefert, der *Liber simplicis medicinae* (LSM), *Physica*, von der Heilkraft der Natur, und der *Liber compositae medicinae*, (LCM), *Causae et Curae* (CC), von den Ursachen der Krankheiten, als Heilwissen bekannt.

Von 1158 bis 1163 verfasst die inzwischen 60-jährige Hildegard das Buch der Lebensverdienste, den *Liber Vitae Meritorum* (LVM). Ihre letzte Visionsschrift beginnt die Seherin 1163, das Buch der göttlichen Werke, den *Liber Divinorum Operum* (LDO).

Dazwischen liegen drei Missions- und Predigtreisen, die Hildegard nach Franken, Lothringen und ins Rheinland führen. Die vierte Reise führt die Seherin nach Schwaben, wo sie den Äbten von Maulbronn, Hirsau und Zwiefalten mit Rat zur Seite steht. Zeit ihres Lebens unterhielt Hildegard eine reiche Korrespondenz mit Menschen, die sie um Rat und Hilfe baten. 390 Briefen sind heute überliefert, es sind bewegende Zeugnisse der Weisheit und des Mutes dieser großen Frau. Hildegard war auch musikalisch sehr begabt. So komponierte sie 77 Lieder sowie ein Mysterienspiel, den *Ordo Virtutum*, Spiel der Kräfte, der zur Einweihung des Klosters Rupertsberg uraufgeführt wurde.

Im Jahre 1165 erwirbt die Seherin das Kloster Eibingen bei Rüdesheim, das bis zur Säkularisation 1803 bestehen wird. Hildegard stirbt 81-jährig am 17. September 1179 im Kloster Rupertsberg. Heute werden ihre Reliquien in der Pfarr- und Wallfahrtskirche St. Hildegard in Rüdesheim-Eibingen verehrt. Über den Weinbergen befindet sich seit 1904 die Abtei St. Hildegard, das offizielle Nachfolgekloster der beiden hildegardischen Klöster, in dem bis heute das Erbe und die große Tradition der hl. Hildegard gepflegt und an die nächsten Generationen weitergegeben wird.

Seit dem Jubiläumsjahr 1998, in dem auf das Geburtsjahr der hl. Hildegard vor 900 Jahren geschaut wurde, hält das Interesse an der Seherin an, die eine Heilige der ganzen Kirche ist. Dass der Heiligsprechungsprozess im Jahr 1228 von Papst Gregor IX. eingeleitet, 1237 neu beauftragt und von Papst Innozenz IV. im Jahre 1243 wieder aufgegriffen, nie zu Ende geführt wurde, bleibt ein Geheimnis der Geschichte. Im 15. Jahrhundert aber wurde Hildegard von Bingen bereits im römischen Martyrologium unter die Heiligen der ganzen Kirche eingereiht.

Ihre Schriften sind nicht nur in Europa, sondern auch in den USA, im asiatischen Raum, besonders in Indien, Korea und Japan bekannt. Viele Tausend Pilger aus aller Welt reisen jedes Jahr nach Rüdesheim zur Abtei St. Hildegard, besuchen den Schrein mit den Reliquien in der Wallfahrtskirche, den Rupertsberg in Bingen oder fahren zum Disibodenberg auf den Spuren dieser Seherin und Prophetin aus dem 12. Jahrhundert.

Die Grünkraft als Lebenskraft

Was suchen die Menschen, die sich auf Spurensuche nach der hl. Hildegard begeben? Die historischen Orte, den Geist, die Botschaft, die Weisheit der hl. Hildegard, letztlich aber immer Weisungen für ihr eigenes Leben. Sie möchten etwas von der Lebenskraft erfahren, die diese Benediktinerin heute noch bezeugt.

Was versteht die hl. Hildegard unter Lebenskraft oder Grünkraft, der *Viriditas* aus der Schöpfung? Diese bezeichnet die Kraft des Lebens aus Gott, der das volle heile Leben ist, die der Schöpfer in seine Schöpfung gelegt hat.

> Alle Lebewesen sind die Funken des Strahles seines Glanzes, die wie die Strahlen der Sonne aus Ihm hervorgehen. Und wie würde Gott als das Leben erkannt, wenn nicht durch das Lebendige, das Ihn verherrlicht und aus Ihm hervorgeht? Denn es gibt kein Geschöpf, das nicht irgendeinen Strahl hätte, sei es die Grünkraft im Samen oder in den Blüten oder die Schönheit, sonst wäre es kein Geschöpf. Wenn Gott nicht die Schöpferkraft hätte, alles zu machen, wo wäre dann seine Macht? (LDO, S. 125–126)

Die Lebenskraft in der Schöpfung bezeugt den Urheber allen Seins, der alles in Weisheit geschaffen, geordnet und aufeinander bezogen hat.

> In der Fülle Seiner Liebe hat Gott alle Geschöpfe so hervorgebracht, dass der Mensch bei ihnen keine Erquickung oder keinen Dienst entbehrt, weil Er sie mit dem Menschen verband wie die Flamme mit dem Feuer. (LDO, S. 28)

So dient die Schöpfung dem Menschen als seinem Lebensraum, in dem er alles findet, was er zum Leben braucht, auch die Nahrungsmittel als Mittel zum Leben, die die Lebenskraft aus dem Kosmos vermitteln. Dabei hilft dem Menschen die Unterscheidungskraft, die *Discretio*, dass er maßvoll und entsprechend wirkt. Er hat die Erkenntnis zwischen Gut und Böse und die Fähigkeit zum Wirken in der Schöpfungsordnung. Wer die *Discretio, die Unterscheidung und Maßhaltung* liebt, richtet sein Tun nach dem Willen Gottes, auch im Wissen um die Unbeständigkeit des Geistes und die Schwäche des Fleisches.

> **Achtet der Mensch Gott gering, so gerät er öfters in körperliche Bedrängnis. Er verbraucht sich in schlechten Taten, weil er sich nicht Gott anvertraut und sich zum Maß macht und im Unglauben erstickt. So kann in ihm nicht die Lebenskraft des Heiligen Geistes sein.**

Ein solcher Mensch verdunkelt und schadet der ganzen Schöpfung durch seine verkehrte Haltung als Geschöpf Gottes. Die Lebenskraft in der Schöpfung ist letztlich Gottes Lebenskraft, die in der Person des Heiligen Geistes ruht.

Der Mensch besitzt als Abbild Gottes die Würde und die Fähigkeit, sich bewohnbar zu machen für den Heiligen Geist – in der Haltung der Ehrfurcht, der Gottesfurcht und der Unterscheidungskraft. Als Leib-Seele-Einheit bedarf er für seine Ernährung der Feinstofflichkeiten aus der Schöpfung in ihrer vollen ausgereiften Lebenskraft. Ziel ist der lebendige Mensch in all seinen Beziehungen: in der Lebensfreude, in der Grünkraft aus Gott, in der Haltung der *Discretio* und des Maßes, in der von Gott gesetzten Ordnung.

„Der süße Hauch der Weisheit" in der Sehnsucht der Seele des gläubigen Menschen, berührt von der Lebenskraft des Heiligen Geistes, drängt den Menschen zum Lobpreis und Dank, zum Gebet.

> **Guter Gott, Du Schöpfer und Träger allen Seins und Lebens, der Mensch, dein inniggeliebtes Geschöpf, staunt und dankt, wie wunderbar Du alles geschaffen und geordnet hast.**
>
> **Ich danke Dir, dass ich bin, für meinen Lebensraum, die Schöpfung.**
>
> **Ich danke Dir für den Wechsel der Jahreszeiten, für die Sonne, den Mond, die Sterne, den Wind, für die Luft und den Tau und Regen. Ich danke Dir für die Nahrung, die Du uns in der Schöpfung, in den Pflanzen, Tieren geschenkt hast.**

Sende uns Deinen Heiligen Geist, dass wir durch das Sichtbare, Dich, den Unsichtbaren, immer mehr erkennen und lieben lernen.

Segne diese Speisen, unser tägliches Brot, das wir zu uns nehmen, Beschenke uns jeden Tag mit Lebenskraft von Dir.

Segne unsere Tischgemeinschaft und lasse uns offen bleiben für die Nöte, für den Hunger, für die Bedürfnisse der Menschen neben uns.

Erbarme Dich des Menschen, dass er seine Bestimmung zum ewigen Leben nicht verliert, führe alle Menschen zu Deinem Gastmahl im himmlischen Reich, Amen.

Zur Lebensweisheit der hl. Hildegard gehört die Beziehung des Menschen zu Gott in den Rhythmen des Lebens. Ruhe und Bewegung, Wachen und Schlafen, Arbeit und Gebet sollten in einem gesunden Gleichgewicht stehen.

Die Seele besitzt in allem die umarmende Liebe zum Leib.
(LDO, S.145)

Die vernünftige Seele besitzt in ihren Kräften die grünende Lebens-kraft, die die Weichheit des Fleisches , die Härte der Knochen und sämtliche Gefäße durchdringt. Und wie Brote im Feuer des Ofens durchgebacken werden, so werden die Werke des Leibes im brennen-den Eifer der Seele vollendet. (LDO, S.170)

Denn wenn Seele und Leib übereinstimmen, fühlt der Mensch sich wohl, er lebt in der Verbundenheit zur Schöpfung, zu den Geschöpfen, zu seinem Schöpfer. In dem Zusammenhang der spirituellen Gesundheit steht die richtige Auswahl der Lebensmittel als unserer Mittel zu Leben. Die Ausleitung von Schlackenstof-fen durch Fasten und Diäten sollte mit im Blick sein. Und auch das Tischgebet, das der Erkenntnis unserer kreatürlichen Gottesbeziehung und unserer Dank-barkeit dem Schöpfer alles Guten gegenüber entspringt, sollte nicht fehlen.

Teil I
Kapitel II

Die Ernährungslehre der Hildegard von Bingen

Die Ernährungslehre der Hildegard von Bingen

Die Quellen der Ernährungslehre

Die wichtigsten Quellen der hildegardischen Ernährungslehre sind ihre heilkundlichen Schriften: *Physica* und *Causae et Curae*. Die *Physica*, die Heilkraft der Natur, besteht aus neun Büchern. Für die Ernährung bilden folgende Bücher eine Information: Von den Pflanzen, von den Bäumen, von den Fischen, von den Vögeln, von den Tieren, von den Kriechtieren. Hier finden wir Hinweise über die Heilwirkung von Pflanzen und Tieren, über die Genießbarkeit von Früchten, Gemüsen und von verschiedenen Fleischarten.

Das Heilwissen, *Causae et Curae*, bringt im zweiten Abschnitt über die Verdauung und die Ernährung des Menschen sowie die Entstehung der Krankheiten vielfältige Informationen zu diesem Thema. Auch in den theologischen Schriften gibt es Hinweise zur Ernährung. Im Buch der Lebensverdienste, *Liber Vitae Meritorum*, spricht Hildegard allgemein von der Maßhaltung und dem Laster des Schlemmens.

> Ich schöpfe aus den Menschen das Maß, auf dass ihrem Leib nichts fehle, dass er aber auch nicht zu üppig werde, vollgestopft von Speis und Trank und mehr als nötig wäre. Der unmäßige Genuss von Fleisch und Wein bringt dem Menschen nur gotteslästerliche Verblendung ein. (LVM, S. 88)

Im Buch der göttlichen Werke, *Liber Divinorum Operum*, hören wir vom Menschen als Leib-Seele-Einheit und auch über den Magen und die Säfte, die von der Ernährung beeinflusst werden.

> Wenn der Mensch von übermäßigen Speisen und Getränken überquillt, bringen sie ihm manchmal eine fette Lepra, da sein Fleisch anschwillt. Wenn aber die genannten Säfte weder übermäßig trocken noch übermäßig feucht sind, sondern auf ausgeglichene und entsprechende Weise gemischt, im rechten Maß sich in den Gliedern des Menschen verteilen, dann bleibt dieser gesund und gedeiht in seiner Erkenntnis, sei es zum Guten oder zum Bösen … (LDO, S. 97)

> **Wenn der Mensch ohne das rechte Maß isst oder trinkt oder etwas ohne die richtige Unterscheidung tut, werden die Kräfte der Seele gespalten. (LDO, S. 144)**

Das zu viele Essen und Trinken ist heute die größte Krankheitsursache.

> **Die Seele liebt in allem die Unterscheidungskraft. (LDO, S. 144)**

Hat also die Seele etwas mit der Ernährung zu tun? Der Mensch aus Himmel und Erde, aus dem Geisthauch der Seele und aus den Elementen der Erde, bekommt durch den Anhauch der Seele Lust zu allem, auch zum Essen. Die Seele ist es auch, die Speise und Trank dem Organismus zur Erquickung zuführt, damit die Gewebe immer wieder aufgefrischt werden.

> **Mit der Tugend der richtigen Mäßigung muss der Mensch all seine Werke ordnen und sich mit aufrichtigem Blick so zum Himmlischen erheben, dass er nicht sein Maß überschreitet. (LDO, S. 158)**

> **Wenn die Seele ihrer Sehnsucht entsprechend mit guten Werken erfüllt ist, steigt sie auf zur ewigen Wohnstätte, wo sie von der Speise des Lebens erquickt wird. (LDO, S. 185)**

Auch wenn der Mensch durch die Vergänglichkeit hindurchgeschritten ist in das ewige Leben, wird er von der *Speise des Lebens* erquickt werden.

Die Ernährungslehre allgemein

Die Ernährungslehre der hl. Hildegard ist ein wichtiger Teil ihrer Heilkunde. Entsprechende Lebensführung mit dem Erspüren der Leib-Seele-Einheit und Ernährung, Fasten als Rückbesinnung auf Gott; Ausleitungsverfahren und die Heilmittel aus der Schöpfung bilden die Säulen der Hildegard-Heilkunde.

Durch die Nahrung wollen wir nicht nur unseren Hunger stillen, sondern neue Lebenskraft und Freude empfangen. *Viriditas*, die Lebenskraft, die Kraft des Grünens, und die *Subtilität*, die Feinstofflichkeit in den Nahrungsmitteln sind Grundbegriffe der Ernährungslehre Hildegards. Die Lebenskraft sollte in unseren Nahrungsmitteln sein, beispielsweise in ausgereiftem Obst und Gemüse.

Die Feinstofflichkeit (das eigentliche Wirkprinzip oder der Heilwert der Lebensmittel) in der Nahrung ist nicht zu vergleichen mit den Begriffen wie Mineralien, Spurenelementen oder den Vitaminen. Die *Subtilität* kann nicht physikalisch oder chemisch zugeordnet werden. Ob ein Nahrungsmittel für den Menschen gesund oder ungesund ist, liegt an der Wirkung der Feinstofflichkeit und an der Reihenfolge, in der die verschieden wirkenden Kräfte in den Körper gelangen.

Die Nahrungsaufnahme und Verteilung im Körper beginnt mit den Gedanken. Positive oder negative Einstellungen sind ein auslösender Faktor für alle im Körper anfallenden Stoffwechselvorgänge. Die Seele ist mächtiger als der Körper, weil sie sein Verlangen stillt.

Zur Ernährungslehre über das rechte Essen und Trinken gehört der Blick auf die Verdauung, die Ausscheidung, Entgiftung. Bewegung und Ruhe, Schlafen und Wachen, auf die konkrete Lebenssituation in den Beziehungen, auf die Arbeit und Aufgabe. Sie beeinflussen das Maß der Nahrung und der Nahrungsmittel, die zugleich unsere Heilmittel sein sollen.

Nahrungsmittel aus der Schöpfung

Unsere Lebensmittel sollen unsere Heilmittel sein, im wahrsten Sinne des Wortes: Lebensmittel als Mittel zum Leben. In der Hildegard-Küche ist eine ausgewogene Kost möglich aus Getreide, Gemüse und Obst, Fleisch und Fisch mit Kräutern und Gewürzen.

Dinkel

Das wichtigste Getreide ist der Dinkel (Triticum spelta), ein Spelzgetreide, dessen Korn mit einer Schutzhülle von Spelzen umgeben ist.

Dinkel

Der Dinkel ist das beste Getreide, und er ist warm und fett und kräftig und er ist milder als andere Getreidearten. Er bereitet dem, der ihn isst, rechtes Fleisch und rechtes Blut und er macht frohen Sinn und Freude im Gemüt des Menschen.
Und wie auch immer er gegessen wird, sei es in Brot oder anderen Speisen, er ist gut und mild und er heilt innerlich wie eine gute und gesunde Salbe. (PHYSICA CAP. 1–5, S. 34)

Der Dinkel enthält alle basischen Mittel zum Leben, die der menschliche Körper zur Gesunderhaltung benötigt: Eiweiß und Kohlenhydrate, Fett und Vitamine, Mineralien, Spurenelemente, darüber hinaus vitale Inhaltsstoffe und Thiocyanat, die das Immunsystem stimulieren und die Gesundheit erhalten. Der Dinkel enthält eine gute Wasserlöslichkeit, so dass die vitalen Inhaltsstoffe rasch aufgenommen und dem gesamten Organismus zur Verfügung stehen. Dinkel hat wenig Fett, dafür essentielle Fettsäuren, ist reich an Vitaminen, Mineralien und Spurenelementen, hat kein Cholesterin, enthält wertvolle komplexe Kohlenhydrate und Pflanzenfasern, die das Übergewicht abbauen helfen und vor ernährungsbedingten Zivilisationskrankheiten schützen.

Dinkel hat sich als universale Basis-Diät bei folgenden Krankheiten als Heilmittel bewährt:

Magen-Darmleiden, Neurodermitis und anderen Allergien, Stoffwechselkrankheiten, chronisch entzündliche Infektionen, rheumatische Erkrankungen, Nervenleiden, Geschwulsterkrankungen, Arzneimittelschäden, Nahrungsmittelallergien und bei Fasten- und Aufbaukuren. (VGL. STREHLOW, S. 41 FF.)

Dinkel kann zum Backen und Kochen verwendet werden;
er ist gut für Gesunde und Kranke.

Dinkelkörner	In doppelter Menge Wasser wie Reis kochen.
Dinkelkernotto	Geschälter Dinkel, braucht eine kürzere Kochzeit.
Dinkelhabermus	Geknackte Dinkelkörner ohne mehlige Anteile.
Dinkelschrot	Voll ausgemahlene Dinkelkörner mit mehligen Anteilen.
Dinkelmehl	Type 1050, 603 und 405 Je kleiner die Zahl, umso mehr Faserstoffe sind vom Dinkelkorn abgetrennt. Im Unterschied zum Weizen enthält auch das weiße Dinkelmehl (Typ 405) noch Eiweiß und Mineralien.
Dinkelgrieß	
Dinkelnudeln	
Dinkelmikro-Mehl	Mit allen Faserstoffen und dem Keimling. Ideal für Säuglingsernährung im Schoppen (Fläschchen), nur 2 Minuten Kochzeit.
Dinkelkaffee	Geröstete Dinkelkörner.

Hafer
Hafer ist fast so gut wie Dinkel, weil er Frohsinn und Gesundheit fördert, aber nur für Gesunde. Er setzt eine gute Durchblutung voraus. Haferschleim führt zu Verstopfungen.

Roggen
Roggen ist ein Schlankmacher für Gesunde. Menschen mit schwachem Magen sollten kein Roggenbrot essen.

Gerste

Gerste als Getreidebrei oder Brot hat keinen Heilwert, nur als Gerstensaft mit Hafer und Fenchel als Krankengetränk. Gerste ist nur als Bier gut.

Weizen

Weizen ist nur als Vollkornmehl gut zum Backen. Das helle Mehl ist krankmachend, Verschleimung.

Grünkern

Grünkern, der unreife Dinkel, ist kein Lebensmittel, weil unreife Früchte ungenießbar sind. Dies gilt auch für Keime und Sprossen.

Edelkastanien

Die Edelkastanie ist wie der Dinkel und der Fenchel hundertprozentig gesund und ist für Hildegard das Universalkräftigungsmittel. Sie trägt bei Hildegard die Eigenschaft der Weisheit und *Discretio*, vom rechten Maß in allen Dingen. Sie stärkt vor allem die Abwehrkräfte bei Krebs oder Aids-Patienten.

Kastanien

Der Kastanienbaum ist sehr warm und hat große Kraft, und er bezeichnet die Weisheit. Alles, was in ihm ist, und besonders seine Frucht ist nützlich gegen jede Schwäche, die im Menschen ist. Aber auch der Mensch, dem das Gehirn leer und der daher schwach im Kopf ist, der koche die Fruchtkerne dieses Baumes in Wasser ohne Zusatz. Er soll die gekochten Früchte oft vor und nach dem Essen nehmen, und sein Gehirn wächst und wird gefüllt und seine Nerven werden stark, so wird der Schmerz im Kopf weichen.
Und wer im Herzen Schmerzen hat, der esse oft die rohen Kerne, er wird an Stärke zunehmen und seinen Frohsinn wieder finden. Wer an der Leber Schmerzen hat, zerquetsche oft diese Kerne und lege sie in Honig und esse sie oft mit diesem Honig und seine Leber wird gesund werden... (PHYSICA CAP. 3–12, S. 230)

Die Früchte enthalten neben Stärke und Eiweiß hochwertige Kohlenhydrate, die für alle Zellen, besonders für die Nerven Energielieferanten sind. Sie enthalten Neuro-transmitter, notwendig für Nerven und Muskeln. Die Edelkastanie war ein wichtiges wertvolles Volksnahrungsmittel; sie wurde später durch die Kartoffel verdrängt. In der Küche werden die Früchte und das Kastanienmehl verwendet, Schalen und Blät-ter zu Bädern gegen rheumatische Schmerzen.

Fenchel

Fenchel ist in jeder Form eines der wenigen hundertprozentig gesunden Heilmittel für die Menschen. Er ist das Universalmittel für alle Magen- und Darmleiden bei der hl. Hildegard.

> Der Fenchel hat angenehme Wärme, ist weder von trockener noch von kalter Natur. Wenn man ihn roh isst, schadet er dem Menschen nicht. Wie auch immer er gegessen wird, macht er den Menschen fröhlich und vermittelt ihm angenehme Wärme und guten Schweiß, und der verursacht gute Verdauung. Wer Fenchel oder seinen Samen täglich nüchtern isst, der vermindert den üblen Schleim oder die Fäulnisse in ihm, und er unterdrückt den üblen Geruch seines Atems und er bringt seine Augen zu klarem Sehen. Wenn jemand gebratenes Fleisch oder gebratenen Fisch gegessen hat und davon Schmerzen hat, der esse alsdann Fenchel oder seinen Samen und es wird ihn weniger schmerzen. (PHYSICA CAP. 1–66, S. 83)

Fenchel

Gemüsefenchel ist eine Vitamin- und Mineralstoffquelle.
Frischfenchel enthält Vitamin A und C, Kalzium, Eisen, Kalium, Magnesium und Phosphor.

Wildfenchel

Bohnen

Die Bohne ist warm und für gesunde und kranke Menschen ist sie gut
zu essen und sie ist besser als die Erbse. Denn wenn die Kranken die
Bohne essen, schadet sie ihnen nicht sehr, weil sie nicht soviel Flüssigkeit und Schleim in ihnen bereitet wie die Erbse dies tut. Das Bohnenmehl ist gut und nützlich für den kranken und gesunden Menschen,
weil es leicht ist und mühelos verdaut werden kann.
Aber wer Schmerzen in den Eingeweiden hat, der koche die Bohne in
Wasser unter Beigabe von etwas Fett oder Öl und nach Entfernen der
Bohne schlürfe er die warme Brühe. Dies tue er oft und es wird ihn
innerlich heilen. (PHYSICA CAP. 1–7, S. 35)

Bohnen gehören zu den wohlschmeckendsten pflanzlichen Eiweißquellen (17–25%
Eiweiß). Bohnen machen nicht dick. Auch Diabetiker können Bohnen gut vertragen,
da die Kohlenhydrate nur langsam ins Blut gelangen. Die heilende Wirkung der
Bohne zur unterstützenden Behandlung bei Magen-Darm-Erkrankungen war der hl.
Hildegard bekannt. Auch das Bohnenmehl kann von Kranken in verschiedenen

Gerichten verwendet werden. In der Hildegard-Küche werden alle Bohnen verwendet, sowohl grüne Bohnen, Stangen- und Buschbohnen, als auch weiße, schwarze, rote oder trockene Bohnen. Es sollten nur ausgereifte Bohnenkerne in die Bohnensuppe, in Eintopfgerichte gegeben werden. Für Gesunde ist der Bohnensalat besonders schmackhaft. Das Heilmittel, die gesiebte Bohnensuppe, wird aus reifen Bohnenkernen gekocht.

Rote Bohnen, Linsen, Erbsen, Schwarze Bohnen

Linsen

Die Linse ist kalt und vermehrt gegessen, weder das Mark des Menschen noch das Blut, noch sein Fleisch, sie verleiht ihm auch keine Kräfte, sie sättigt nur den Bauch und füllt ihn mit Wertlosem. Sie reizt die kranken Säfte in den Menschen zum Sturm.

(PHYSICA CAP. 1–8, S. 36)

Hirse

Die Hirse ist kalt, sie ist auch etwas warm, sie ist nicht brauchbar zum Essen, weil sie weder das Blut noch das Fleisch im Menschen mehrt, noch ihm Kräfte verleiht. Sie füllt nur den Bauch, mindert nur den Hunger, weil sie den Geschmack des Erquickens nicht hat. Sie macht auch das Gehirn des Menschen wässerig. Und seinen Magen macht sie lau und träge, und den Säften, die im Menschen sind, jagt sie einen Sturm ein. Sie ist fast wie Unkraut und sie ist dem Menschen nicht gesund zu essen.

(PHYSICA CAP. 1–9 B, S. 37; CAP. 1–193, S. 179)

Erbsen

Die Erbse ist kalt und etwas schleimig. Die Lunge macht sie etwas dämpfig. Dennoch ist sie für den Menschen, der von warmer Natur ist, gut zu essen und macht ihn stark. Für jenen aber, der von kalter Natur und krank ist, taugt sie nicht, weil sie beim Essen in ihm Mundschleim erzeugt.

Die Erbse ist für alle Kranken schädlich, sie hat keine Kräfte in sich, um Krankheiten auszutreiben. (PHYSICA CAP. 1–6, S. 34)

Erbsen sind nichts für Kranke, da sie die Krankheiten noch verstärken. Sie können zur Verschleimung der Lunge führen. Gesunde mit guter Durchblutung dürfen Erbsen essen. Zu den Erbsen gehören Schalerbsen, Markerbsen, Zuckererbsen.

Kichererbsen

Die Kichererbse ist warm und angenehm und leicht zu essen. Sie vermehrt dem, der sie isst, nicht die üblen Säfte. Wer aber Fieber hat, der brate Kichererbsen über frischen Kohlen und esse und er wird geheilt werden. (PHYSICA CAP. 1–190, S. 178)

Kranke und Gesunde können Kichererbsen essen. Kichererbsen, eine orientalische Delikatesse, werden in Israel und im Vorderen Orient angebaut. Sie gehören zur Bohnenfamilie und enthalten wertvolles Eiweiß. Kichererbsen können durch ihre löslichen Faserstoffe die Blutfette senken, wenn sie in der täglichen Ernährung eingesetzt werden. Geröstete und gesalzene Kichererbsen sind eine Knabberei bei Erwachsenen und Kindern.

Kohl

Kohle sind von feuchter Natur und der Wirsing ist mehr kalt als warm und ein wenig von trockener Natur; sie wachsen von der Flüssigkeit des Taus und der Luft. Davon haben sie Kräfte und Eingeweide und ihr Saft ist eher unnütz und in den Menschen werden von ihnen Krankheiten erzeugt und schwache Eingeweide werden verletzt.

Aber wenn gesunde Menschen, die starke Adern haben und nicht sehr fett sind, diese essen, können sie diese durch ihre Kräfte bewältigen. Aber für fette Menschen sind sie schädlich, weil ihr Fleisch an Saft Überfluss hat, und gegessen sind sie ihnen fast so schädlich wie den Kranken. Und im Mus und im Fleisch gekocht sind sie schädlich, weil sie eher die üblen Säfte vermehren, als diese vermindern. (PHYSICA CAP. 1–84, S. 96)

Kraut und Kohl (Weißkohl, Rotkohl, Blumenkohl) sind nicht besonders empfohlen bei Hildegard von Bingen, *„da ihr Saft nichts nützt"* und aus ihnen Schwächezustände entstehen.

Nur Gesunde können Kohl und Kraut verdauen. Kohl und Sauerkraut sind in der Hildegardküche eingeschränkt, außer Broccoli, Kohlrabi und Blumenkohl, die relativ gut vertragen werden.

Kürbis

Die Kürbisse sind trocken und kalt und wachsen in der Luft. Sie sind für Kranke und Gesunde gut zu essen. (PHYSICA CAP. 1–87, S. 97)

Kürbisse können für Gesunde und Kranke auf verschiedene Art zubereitet werden. Beliebt sind Kürbissuppen und Kürbiskuchen. Überbackener Kürbis, Kürbisgemüse, süß-sauer-eingelegter Kürbis als Beilage zu Fleischgerichten sind bekannt. Aus Kürbiskernen lässt sich Öl herstellen. Die Wirkung der Kürbiskerne mit ihrem Selen und Zink bei Prostata-Erkrankungen ist bekannt.

Zucchini

Zucchini sehen wohl wie Gurken aus, gehören aber botanisch zu den Kürbissen. Sie sind reich an Provitamin A und C und fangen freie stressbedingte Sauerstoffradikale weg. Dieses kalorienarme Gemüse hat viele Mineralien zur Neutralisierung von Gallensäure. (STREHLOW, S. 75)

Rote Bete

Rote Bete, rote Rüben, Randen sind gekocht besser als roh. Gekocht soll man sie oft essen, wenn der Körpersaft zu Geschwürbildung führt, er wird dadurch gereinigt. Bei Hildegard steht nichts ausdrücklich von roten Rüben in der *Physica*. Alle Rüben können verwendet werden, auch gelbe oder weiße. Rote Bete können von Gesunden und Kranken als Salat (gekocht, geschält) gegessen werden, auch als Gemüse mit Dinkelmehlsauce und Quendelgewürz. Die Rote Bete hat einen hohen Eisengehalt, der Rote-Bete-Saft wird zur Behandlung von Krebspatienten empfohlen (STREHLOW, S. 73).

Möhren

Karotte, Gelbe Rübe sind als Wurzelgemüse Nachfolgegewächse der Pastinake, über die die hl. Hildegard schreibt:

> **Der Pastinak ist kalt und eine Erfrischung für den Menschen. Er nützt ihm nicht viel zur Gesundheit, noch schadet er ihm. Aber gegessen füllt er lediglich den Bauch des Menschen.**
> **(PHYSICA CAP. 1–200, S. 184)**

Pastinaken werden gegen Ende des Jahres geerntet. Sie sind ein kalorienarmes, mineralstoffhaltiges Wintergemüse. In unserer Zeit sind Möhren ein ideales „Diätgemüse", weil sie weder nützen noch schaden und den Bauch füllen. Sie können von Gesunden wie Kranken gekocht verzehrt werden; als Salat (Rohkost) sollen sie gut gebeizt sein; nur in den warmen Magen essen.

Kürbis, Möhren, Pastinake

Rettich

Der Rettich ist mehr warm als kalt. Nachdem er ausgegraben ist, soll man ihn unter der Erde an einem feuchten Ort für zwei oder drei Tage ausgegraben liegen lassen, damit sein Grün gemäßigt werde, auf dass es umso besser zu essen sei. Gegessen reinigt er das Gehirn und vermindert die schädlichen Säfte der Eingeweide.
Wenn ein starker Mensch Rettich isst, heilt er ihn und reinigt ihn innerlich. Den Kranken aber und den am Körper Mageren schädigt er. Wer viel Schleim in sich hat, pulverisiere Rettich so und er koche Honig mit Wein und schütte dieses Pulver hinein. Etwas abgekühlt

> trinke er es nach dem Essen und nüchtern, und dieses Pulver wird ihn
> vom Schleim reinigen. Wer aber Rettich isst, der esse nachher Galgant,
> und dies unterdrückt den Gestank des Atems und so schadet er dem
> Menschen nicht. (PHYSICA CAP. 1–89, S. 98)

Gegessen reinigt Rettich das Gehirn und die schädlichen Verdauungssäfte.

Sellerie

> Der Sellerie ist warm und er ist mehr von grüner als von trockener
> Natur. Er hat viel Saft in sich und roh taugt er für den Menschen nicht
> zum Essen, weil er so üble Säfte in ihm bereitet. Gekocht aber schadet
> er dem Menschen nicht beim Essen, sondern er verschafft ihm
> gesunde Säfte. Auf welche Weise er auch immer gegessen wird, ver-
> setzt er den Menschen in unsteten Sinn, weil sein Grün ihm bisweilen
> schadet und ihn traurig macht; der aber von Gicht geplagt wird, der pul-
> verisiere Selleriesamen und füge dem zu einem Drittel Raute bei und
> von der Muskatnuss weniger als Rautenpulver und weniger Gewürz-
> nelken als Muskatnuss und weniger Steinbrech als Gewürznelken.
> Und dies alles mache er zu Pulver und er esse sowohl nüchtern wie
> auch nach dem Essen dieses Pulver und die Gicht wird von ihm wei-
> chen, weil es das beste Mittel gegen die Gicht ist.
> (PHYSICA CAP. 1–69, S. 87)

Menschen mit Neigung zu Unbeständigkeit, Melancholie und Depressionen sollten
Sellerie in jeder Form meiden. Gesunde mit ausgewogener Stimmungslage können
gekochte Sellerie als Salat oder als „Sellerieschnitzel" bedenkenlos essen.

Spinat

Spinat wurde aus Melde gezüchtet, von der bei der hl. Hildegard steht:

> Die Melde ist mehr kalt als warm, aber doch etwas gemäßigt und
> gegessen bewirkt sie eine gute Verdauung.
> (PHYSICA CAP. 1–104, S. 111)

Mangold

Mangold gehört als Schnittmangold zur veredelten Gattung der Runkelrübe. Das
Blattwerk wird wie Spinat bereitet und hat einen herben Geschmack.

Gundelrebe

Die Gundelrebe ist mehr warm als kalt, und sie ist trocken, und sie hat gewisse Kräfte der Gewürze, weil ihre Grünkraft angenehm und nützlich ist, so dass ein Mensch, der lange kraftlos ist und dem das Fleisch schwindet, mit Gundelrebe gewärmtes Wasser trinken und die Gundelrebe in Mus oder in Suppen kochen soll. Er esse sie entweder in einer Beilage oder mit Fleisch oder mit „cucheln" (BACKWAREN), und sie wird ihm helfen, weil ihr guter Saft den Menschen innerlich heilt. (PHYSICA CAP. 1–105, S. 112; CAP. 1–212, S. 190)

Kranke und Gesunde können die Gundelrebe als Spinat oder Gemüse, in Suppen, als Beilage zu Fleischgerichten oder als Einlage in Fleischbrühe essen. Gundelrebe ist ein stark wucherndes „Unkraut" in Gärten. Wenn es von einem Beet entfernt wird, sollte es in der Küche landen!

Salat (Gartenlattich)

Die Lattiche, die gegessen werden können, sind sehr kalt und ohne Würze gegessen machen sie mit ihrem unnützen Saft das Gehirn des Menschen leer, füllen den Magen mit Krankheit. Wer sie daher essen will, der beize sie zuerst mit Dill oder mit Essig oder mit etwas anderem, so dass er zweimal für kurze Zeit übergossen werde, bevor er gegessen wird. Und wenn sie der Mensch auf diese Weise gemäßigt isst, stärken sie das Gehirn und bereiten eine gute Verdauung.
(PHYSICA CAP. 1–90, S. 99)

Salat

Allgemein ist der Gartensalat nur in der bei Hildegard beschriebenen Zubereitungsart zuträglich.

Der Salat muss gewaschen, dann mit einer Beize, die mit Dill oder Essig oder Knoblauch zubereitet ist, zweimal übergossen werden, so dass er gut ziehen kann. Nur so kann er seine positive Wirkung auf den Körper zur Entfaltung bringen.

Zu den Lattichsalaten gehören: Kopfsalat, Eissalat, Romanasalat, Schnittsalat oder Lattich, der Pflücksalat oder Blattbatavia (Eichblattsalat, Lollo rosso). Kopfsalat hilft gegen Verdauungsschwäche, Verstopfung und Durchblutungsstörungen des Gehirns. Der Salat enthält neben vielen Vitalstoffen Vitamin A und C und ist mit gekochten Dinkelkörnern zubereitet ein Vitaminstoß, da der Dinkel ergänzende B-Vitamine enthält.

Hildegard empfiehlt weder Endiviensalat, Radicchio noch Zuckerhut, schon gar nicht Chicoree, die alle zur Familie der Wegwarte gehören.

Chinakohl ist eine salatähnliche Kohlart, die nur von gesunden, mageren Menschen vertragen wird. Feldsalat, Rapunzel, ist ein Baldriangewächs und wird von Hildegard als Heilmittel gegen Gicht und Brustfellentzündung empfohlen.
(PHYSICA CAP. 1–142, S.146)

Gurken (Salatgurke, Essiggurke)

Die Gurken sind feucht und kalt und wachsen von der Feuchtigkeit der Erde. Sie bringen die Bitterkeit der Säfte in den Menschen in Bewegung, für die Kranken taugen sie nicht zum Essen.
(PHYSICA CAP. 1–87, S.97)

Kranke und Gesunde sollen Gurken wenn möglich meiden. Sie gehören in gewisser Weise zu den Nahrungsgiften, weil sie bei Verzehr den Menschen krank machen können. Sie bringen die Bitterkeit der Säfte in Bewegung. Manche Menschen werden nach Salatgurken von Gallenkoliken, Rückenschmerzen, Depressionen, Bauchbeschwerden, Übelkeit geplagt.

Knoblauch

Der Knoblauch hat die rechte Wärme und er wächst aus der Stärke des Taus. Er hat Wachstum, d.h. vom Beginn der Nacht bis es zu tagen beginnt und wenn es schon Morgen ist. Für Gesunde und Kranke ist er heilsamer zu essen als Lauch. Und er muss roh gegessen werden, wer ihn kochen würde, machte daraus verdorbenen Wein. Er schadet auch nicht den Augen. Er soll mäßig gegessen werden, damit das Blut im Menschen nicht übermäßig erwärmt werde.
Wenn aber der Knoblauch alt ist, dann vergeht sein gesunder und rechter Saft, aber wenn er dann durch andere Speisen gemäßigt wird, erlangt er seine Kräfte wieder. (PHYSICA CAP. 1–79, S.92)

Knoblauch war schon bei den alten Ägyptern ein hochgeschätztes Gemüse und eine Medizin. Knoblauch hat starke Heilwirkungen, er enthält schwefelhaltiges, ätherisches Öl, Vitamine, viele Mineralien.

Rote Zwiebel, Zwiebel, Knoblauch, Schalotte

Der rohe Knoblauch hat antibakterielle Wirkung (Antipilzmittel, gegen Darmpilze) und cholesterinsenkende und blutdrucksenkende Eigenschaften. Heute gilt der Knoblauch als vorbeugendes Mittel gegen Arteriosklerose, Herzinfarkt und Schlaganfall. Tagesmenge: 1–2 Zehen Knoblauch. Ganze oder zerkleinerte Knoblauchzehen eignen sich zum Aromatisieren von Salatölen (Sonnenblumen-, Walnuss-, Kürbisöl). Die Zehen werden über Nacht eingelegt und ergeben ein zartes Knoblaucharoma. (STREHLOW, S.77)

Zwiebeln

> Die Zwiebel (SOMMERZWIEBEL, BÄRLAUCH) hat nicht die rechte Wärme, sondern scharfe Feuchtigkeit. Und roh ist sie so schädlich und giftig zu essen wie der Saft unnützer Kräuter. Gekocht ist sie gesund zu essen, weil durch das Feuer das Schädliche, das in ihr ist, vermindert wird. Gut gekocht ist sie für jene, die Schüttelfrost, Fieber oder Gicht haben. Jenen aber, die magenkrank sind, bereitet sie sowohl roh als auch gekocht Schmerzen, weil sie feucht ist.
> (PHYSICA CAP. 1–83, S. 95)

Von Magenkranken werden Zwiebeln nicht gut vertragen. Die Zwiebelsuppe kann auch als Diagnostikum eingesetzt werden. Zwiebeln enthalten schwefelhaltige ätherische Öle, die Augen und Nasen reizen (bei Heuschnupfen). Die Öle regen die Speichel- und Magensekretion an. Zwiebeln sind blutdrucksenkend, herzstärkend, senken den Cholesterinspiegel. Zwiebeln enthalten viele Mineralien, Vitamine. Sie wirken appetitanregend, schleimlösend bei Bronchitis, fiebersenkend bei Infektionskrankheiten (warme Zwiebelsuppe).

Alle Teile der Zwiebel können verwendet werden – aber immer gekocht oder gedünstet. Perlzwiebeln und Schalotten muss man vorher in Wein beizen (PHYSICA CAP.1–80, VON DER SCHALOTTE). Gesunde Menschen können Zwiebeln essen, es können sowohl die roten als auch die weißen Gartenzwiebeln verwendet werden.

Lauch

> Der Porree, Lauch, hat schnelle und unnütze Wärme in sich wie wertloses Holz. Dem Menschen verursacht er Beunruhigung in der Begierde. Und roh gegessen ist er so schlecht und verderblich für den Menschen wie ein giftiges Kraut, weil er das Blut und die Fäulnis und die Säfte des Menschen ins Gegenteil verkehrt, so dass das Blut im Menschen durch den Lauch nicht zunimmt und so dass die Fäulnis in ihm durch den Lauch nicht vermindert und so dass die üblen Säfte in ihm nicht gereinigt werden. Der den Lauch roh essen will, der beize ihn zuerst in Wein oder in Essig unter Beigabe von Salz, so dass er im Wein oder im Salz so lange liegt, bis er seine schlimmen Kräfte verliert. Und so gemäßigt ist er gut zu essen für die Gesunden. Roh aber ist er besser auf diese Weise als gekocht für die Gesunden. Aber für die Kranken taugt er weder roh noch gekocht zum Essen.
> (PHYSICA CAP.1–81, S.94)

Lauch zerstört das Abwehrsystem des Menschen, weil er das Blut und alle Säfte in ihr Gegenteil verdreht. Eine Lauchsuppe kann einen Rheumaschub auslösen. Schon geringe Mengen an Lauch können einen angeschlagenen Verdauungstrakt aus den Fugen geraten lassen.

In der *Physica* nennt die hl. Hildegard allgemein den Nachtschatten, der warm und trocken ist. Er kann bei Herz- und Zahnweh eingesetzt werden (PHYSICA CAP.1–121, S.128). Sie erwähnt nicht unsere Nachtschattengewächse wie die Kartoffel, Auberginen, Paprika und Tomaten. Kranke sollten Nachtschattengewächse meiden – außer der Kartoffel. Gesunde sollten diese bei der Mittagsmahlzeit zu sich nehmen, nicht mehr abends.

Pilze

> Die Pilze, die über der Erde entstehen, welcher Art sie auch seien, sind wie Schaum und Erdschweiß und dem Menschen, der sie isst, schaden sie etwas, weil sie Schleim und Schaum in ihm verursachen. Jedoch die Pilze, die in trockener Luft und in trockener Erde entstehen, sind mehr kalt als warm und sie sind etwas besser als jene, die in feuchter Luft und in feuchter Erde entstehen.

Pilze

Die Pilze, die auf gewissen Bäumen, ſtehend oder liegend entſtehen, sind einigermaßen gut zur Speise des Menschen wie gewisse Gartenkräutlein und den, der sie isſt, schädigen sie weniger und bisweilen taugen sie sogar zu Heilmitteln.

Der Pilz, *der am Nussbaum wächſt*, taugt nicht zum Essen, weil er in ihm Gicht erregt.

Der Pilz, *der an der Buche entſteht*, iſt für den kranken und gesunden Menschen in der Speise gut zu essen.

Der Pilz, *der am Holunder wächſt*, taugt nicht zum Essen.

Der Pilz, *der an der Weide entſteht*, iſt warm und gut zu essen.

Der Pilz, *der am Birnbaum entſteht*, iſt kalt und feucht, dem Menschen schadet er beim Essen nicht und nützt ihm nicht.

Der Pilz, *der an der Eſpe wächſt*, taugt nicht zum Essen für den Menschen.

(PHYSICA CAP. 1–171, S. 162)

Nur der Pilz, der an der Buche und der Weide wächst, ist laut Hildegard, gut zu essen.

Pilze, die heute in eigenen geschützten Kulturen gezüchtet werden, wie beispielsweise der Champion, sind gut zu essen für die Menschen. Pilze in der freien Natur weisen nach Tschernobyl erhöhte radioaktive Werte auf. Deshalb sollte heute auf Pilze verzichtet werden.

Apfelbaum

Von den Früchten

Heute sind wir es gewohnt, das ganze Jahr über frisches Obst zu haben. Im Winter werden uns besonders die Südfrüchte wie Orangen, Mandarinen, Clementinen wegen des Vitamin C empfohlen. Sie müssen unreif geerntet werden, sind also fast ohne Lebenskraft. Diese Früchte können nicht uneingeschränkt empfohlen werden, da manche Personen Allergien bekommen in verstärkter Form. Unseren täglichen Vitaminbedarf im Winter sollten wir mit einheimischem, ökologisch erzeugtem Lagerobst decken und auf Südfrüchte sowie chemisch behandeltes Obst verzichten.

Apfel

Der Apfelbaum ist warm und feucht, und zwar von solcher Feuchtigkeit, dass er sogar zerflösse, würde er nicht durch die Wärme zusammengehalten.

Die Frucht jenes Baumes ist zart und leicht verdaulich. Und roh gegessen schadet sie gesunden Menschen nicht; denn wenn der Tau in seiner Kraft steht, das heißt, weil seine Kraft vom Beginn der Nacht bis fast zum Tagesanbruch zunimmt, dann wachsen die Äpfel durch den Tau, das heißt sie reifen. Und daher sind für gesunde Menschen rohe Äpfel gut zu essen, weil sie aus starkem Tau gekocht sind. Den Kranken schaden rohe Äpfel eher, weil sie schwächlich sind. Aber die gekochten und gebratenen sind sowohl für die Kranken als auch für die Gesunden gut. Wenn sie alt und runzelig werden, wie es im Winter geschieht, dann sind sie roh für Kranke und Gesunde gut zu essen. Wer durch eine Leber- oder Milzschwäche oder von üblen Säften des Bauches oder Magens oder von Migräne im Kopf leidet, der nehme die ersten Knospen des Apfelbaumes und lege sie in Baumöl und er wärme sie in einem Gefäß an der Sonne und abends, wenn er schlafen geht, salbe er den Kopf mit diesem Öl, er tue es öfters und er wird sich besser im Kopf befinden. (PHYSICA CAP. 3–5, S. 215)

Kranke sollten frische Äpfel stets gekocht oder gebacken essen, gelagerte, runzlig gewordenen Äpfel dürfen auch roh gegessen werden. Gesunde können runzlige und frische Äpfel roh oder gekocht essen.

Wertvolle Vitamine, Mineralien, Spurenelemente und Fruchtzucker verleihen den Äpfeln eine diätetische Wirkung bei Schwäche und Erkältungen. Die im Apfel enthaltenen Pektine quellen sehr leicht und reinigen den Darm von krankmachenden Fäulnis- und Schlackenstoffen. Apfelkerne sind reich an Quellstoffen, sie können mitgegessen werden. Apfelkompott vertragen alle Kranken.

Birne

Der Birnbaum ist mehr kalt als warm und so schwer und so fest im Vergleich zum Apfelbaum wie die Leber zur Lunge. Denn wie die Leber ist er stärker und nützlicher, aber auch schädlicher als der Apfelbaum … Die Frucht des Birnbaumes ist schwer und gewichtig und herb. Und wenn sie jemand roh zu reichlich isst, verursacht sie Migräne im Kopf und macht die Brust dämpfig, weil in der Lunge etwas von seinem Saft angezogen wird.

Und wie auch der Mensch vom Geruch des Weines zuweilen satter wird, so mischt sich auch der Atem mit dem Birnsaft und nimmt dessen Herbheit an. Daher zieht auch jener, nachdem er eine rohe Birne gegessen hat, schwer den Atem in sich ein, so dass auch bisweilen viele Krankheiten in seiner Brust daraus entstehen.

Denn wenn die Kräfte des Taues bei Tagesanbruch zerfließen, dann wachsen die Birnen von jenem Tau und daher verursachen sie auch schädliche Säfte im Menschen, weil sie im abfließenden Tau wachsen, wenn sie nicht gekocht werden.

Wer Birnen essen will, soll sie in Wasser kochen oder am Feuer braten, jedoch sind die gekochten besser als die gebratenen, weil das warme Wasser den schädlichen Saft, der in ihnen ist, allmählich auskocht. Und den, der gekochte Birnen isst, beschweren sie ziemlich, weil sie die Fäulnis in ihm mindern, indem sie dieselbe aufsuchen und brechen, jedoch bewirken sie eine gute Verdauung, weil sie die Fäulnis mit sich abführen. Äpfel werden leicht verdaut und führen die Fäulnis nicht weg.

Nimm aber Birnen, zerschneide sie, wirf ihre Kerne weg und koche sie dann stark im Wasser und zerquetsche, was wie Breimus wird, und nimm Bärenwurz und weniger Galgant als Bärenwurz und weniger Süßholz als Galgant und weniger Pfeffer als Süßholz. Wenn du keinen Bärenwurz hast, nimm Fenchelwurzel, pulverisiere dies, mische die Pulver und lege sie in mäßig erwärmten Honig, füge die Birnen bei und mische sie unter heftigem Rühren zusammen, tue es in eine Büchse und iss täglich nüchtern einen kleinen Löffel voll, nach dem Essen zwei Löffel und abends im Bett drei Löffel. Das ist die beste Latwerge (STARK EINGEKOCHTES MUS) und kostbarer als Gold und nützlicher als das reinste Gold, weil es die Migräne wegnimmt und die Dämpfigkeit mindert, welche die rohen Birnen in der Brust des Menschen verursachen. Und alle üblichen Säfte, die im Menschen sind, vernichtet sie, und reinigt den Menschen so wie ein Geschirr vom Schmutz gereinigt wird. (PHYSICA CAP. 3–5, S. 217)

Schwerkranke sollten Birnen (auch Birnensaft) in jeder Form meiden. Kranke dürfen nur gekochte Birnen essen, das Kochwasser nicht trinken, weil bestimmte Giftstoffe der Birnen, die die Atmung beschweren, in das Wasser übergehen. Auch Gesunde sollten nur gekochte Birnen essen, weil sie als verdauungsförderndes Mittel Darmgärungen im Menschen mindern. Birnen reinigen Magen und Darm, besonders in der Kombination mit Bärwurzmischpulver und Honig. Der Bärwurz-Birnenhonig ist das beste Reinigungsmittel gegen Darmpilze. Wenn der Darm saniert ist, gibt es auch keine Migräne mehr.

Rohe Birnen belasten die Atmung und erschweren die Arbeit der Leber, weil sich ihr Saft um die Leber und um die Lunge verhärtet. Dörrbirnen haben keinen schädigenden Einfluss auf einen gesunden Menschen, weil die schädigenden Säfte durch den Dörrvorgang entzogen wurden. Bei Trockenobst nur ungeschwefelte Früchte verwenden.

Erdbeere

Das Kraut, an dem Erdbeeren entstehen, ist mehr warm als kalt. Es bereitet Schleim im Menschen, der es isst, und für Heilmittel taugt es nicht. Auch die Früchte, die Erdbeeren, verursachen gleichsam einen Schleim im Menschen, der sie isst, und sie taugen weder dem gesunden noch dem kranken Menschen zum Essen, weil sie nahe an der Erde wachsen und weil sie sogar in fauliger Luft wachsen.
(PHYSICA CAP.1–170, S.161)

Hildegard konnte nichts über Pilzbefall und krebserregende Mykotoxine wissen, die durch Spritzinfektion die Erdbeere verseuchen. Im Mai und Juni gibt es oft nach Erdbeergenuss Allergien und Hautausschläge, Mittelohr- und Blinddarmentzündungen (STREHLOW, S.30).

Heidelbeere

Das Kraut, an dem Waldbeeren entstehen, die auch Heidelbeeren genannt werden, weil sie nämlich schwarz sind, hat größte Kälte in sich, nämlich wenn die Kälte schon etwas der Wärme weicht, so dass schon aus der Erde und den Steinen der kalte Saft mehr schadet als nützt. Für Heilmittel taugt es nicht, die Frucht aber schadet dem, der sie isst, so dass sie die Gicht in ihm hervorruft. (PHYSICA CAP.1–171, S.162)

Kirsche

Der Kirschbaum ist mehr warm als kalt und ist ganz ähnlich dem Spaß, der Fröhlichkeit zeigt, und der auch schädlich ist. Sein Saft und seine Blätter sind nicht sehr nützlich für die Medizin, weil ihnen Schwäche innewohnt. Und seine Frucht ist mäßig warm und ist weder sehr nützlich noch sehr schädlich und dem gesunden Menschen schadet sie beim Essen nicht, dem kranken jedoch und dem der üble Säfte in sich hat, bereitet sie ihm ziemlichen Schmerz, wenn er viel davon isst. **(PHYSICA CAP. 3–6, S. 224)**

Kirschen haben keinen besonderen Heilwert bei Hildegard. Gesunde und Kranke sollten Maß halten, damit sie keine Bauchschmerzen bekommen. Kirschen sind reich an Vitaminen und Mineralien.

Kornelkirsche

Die Kornelkirsche ist warm und ihre Wärme ist mild und sie hat süße Feuchtigkeit in sich… Die Frucht dieses Baumes schadet dem Menschen nicht, wenn man sie isst, aber sie reinigt und stärkt den kranken und den gesunden Magen, sie nützt dem Menschen für die Gesundheit. **(PHYSICA CAP. 3–40, S. 256)**

Die knallroten Fruchtfarbstoffe aus der Vitamin-P-Reihe üben eine zusätzliche Schutz- und Heilwirkung auf die entzündeten Schleimhäute des ganzen Verdauungsapparates aus (STREHLOW, S. 57).

Aus der Kornelkirsche lässt sich eine feine aromatische, erfrischend-säuerlich schmeckende Marmelade herstellen.

Brombeere

Der Brombeerstrauch, an dem die Brombeeren wachsen, ist mehr warm als kalt.
Die Frucht schädigt weder den gesunden noch den kranken Menschen und sie wird leicht verdaut; aber ein Heilmittel wird in ihr nicht gefunden. **(PHYSICA CAP. 1–169, S. 160)**

Die Brombeeren eignen sich gut zur Herstellung von Marmelade. Brombeeren enthalten Bioflavanoide als Farbstoff, die wertvolle Antioxidantien sind und stressbedingte Sauerstoffradikale absaugen (STREHLOW, S. 61).

Himbeere, Johannisbeere, Stachelbeere

Hildegard sagt nichts über die Himbeere, Johannisbeere und Stachelbeere. Diese Beeren gehören zu den ältesten und beliebtesten Früchten.

Himbeersirup-Wasser mit Galgant hat sich bei Kindern mit Fieber bei Virusgrippe-Infektion bewährt. Himbeeren fördern die Verdauung und haben schweißtreibende und kühlende Eigenschaften, sie regen die Speichel und Magensaftsekretion an.

Himbeere, Brombeere, Schwarze Johannisbeere

Heute werden neben den roten und weißen Johannisbeeren die schwarzen wegen ihres Gehaltes an Vitamin C und P sehr geschätzt. 100 g schwarze Johannisbeeren enthalten bis zu 200 mg Vitamin C. Natürliches Vitamin C ist ein wirksamer Radikalfänger von stressbedingten Sauerstoffradikalen und eine Erfrischung für das Gehirn. Johannisbeersaft mit etwas Zitronensaft verstärkt und etwas Zimt ist ein Erfrischungstrunk für das Gehirn, steigert die Konzentration. (STREHLOW, S.60)

Quitte

Der Quittenbaum ist mehr kalt und er gleicht der Schlauheit, die manchmal unnütz ist, manchmal nützlich. Sein Holz und seine Blätter sind nicht sehr nützlich zum Gebrauch des Menschen. Seine Frucht ist warm und trocken und hat eine gute Mischung in sich. Und wenn sie reif ist, schadet sie roh gegessen weder dem kranken noch dem gesunden Menschen, aber gekocht oder gebraten ist sie dem Kranken und Gesunden sehr bekömmlich. Wer gichtkrank ist, esse oft diese Frucht gekocht und gebraten, und sie unterdrückt die Gicht in ihm so, dass diese weder seine Sinne abstumpft, noch seine Glieder bricht, noch sie hilflos lässt. (PHYSICA CAP. 3–4, S. 221)

Quitte

Quitten gehören bei der hl. Hildegard zu den wenigen Früchten, die sogar roh gegessen werden können von Gesunden und Kranken. Sie kann roh geraspelt, mit Schlagsahne vermischt als Nachspeise gegessen werden. Erst durch das Kochen wird die Quitte weich und kann dann zu Kompott, Quittenmus, Quittenbrot, Kuchenbelag oder Quittenmarmelade weiterverarbeitet werden.

Die Schalen und die Kerne werden mitgekocht, da sie das wertvolle Pektin enthalten.

Bratquitten	Quitten werden mit Schale geachtelt, das Kerngehäuse entfernen, eine halbe Stunde bei 200° C braten.

Da Quitten sehr eisenreich sind, wirken sie blutbildend bei Anämie. Am meisten haben sich die Quitten kurmäßig bei Rheuma und Gichtleiden bewährt (STREHLOW, S.55).

Pfirsich

Der Pfirsichbaum ist mehr warm als kalt, hat jedoch etwas anderes in sich und gleicht dem Neid, und sein Saft ist zu Heilmitteln nützlicher als seine Frucht. Die Frucht dieses Baumes ist weder dem Gesunden noch dem Kranken bekömmlich, weil sie verursacht, dass die guten Säfte im Menschen preisgegeben werden und Schleim im Magen entsteht. Aber wer diese Frucht essen will, werfe die äußere Haut weg und auch den Kern, und was übrig bleibt, lege er in Wein, füge Salz und wenig Pfeffer dazu und die so zubereitete Frucht wird ihm nicht sehr schaden, hat jedoch keinen so guten Geschmack. (PHYSICA CAP. 3–5, S. 221)

Auch der Pfirsich wird zu den „Nahrungsgiften" gerechnet. Nur gesunde Menschen sollten Pfirsiche essen. Menschen mit Stoffwechsel- und Verdauungsstörungen müssen auf Pfirsiche verzichten. Frische Pfirsiche sind zu meiden!

Pflaume

Der Pflaumenbaum ist mehr warm als kalt und ist auch trocken und stachlig wie ein Dorn und er bezeichnet den Zorn. Die Frucht des Baumes ist sowohl für den gesunden wie auch den kranken Menschen gefährlich zu essen, weil sie die Melancholie im Menschen erregt und die bitteren Säfte in ihm vermehrt und alle Krankheiten, die in ihm sind, hervorsprudeln lässt. Daher ist sie für den Menschen so gefährlich zu essen wie Unkraut. Wer sie daher essen will, esse sie mäßig. Denn der Gesunde kann das Gegessene verkraften, den Kranken aber schädigt es. (PHYSICA CAP. 3–7, S. 225)

Pflaumen und Zwetschgen können im Menschen verschiedene Krankheitsanlagen aktivieren.

Migränepatienten, Patienten, die an Arthritis, Arthrose leiden, können nach dem Essen von Pflaumen einen neuen Krankheitsschub erleiden. Da auch die Schwarzgalle erregt wird, sollen depressive und zornige Menschen diese Frucht meiden. Bei der Entstehung von fast allen Krankheiten ist die Gallensäure beteiligt; jede Übersäuerung kann zu Entzündungen oder Autoaggressionen führen (STREHLOW, S.30).

Mandel

Der Mandelbaum ist sehr warm und hat etwas Feuchtigkeit in sich. Seine Rinde, seine Blätter und sein Saft taugen nicht viel zu Heilmitteln, weil seine ganze Kraft in der Frucht steckt.
Wer ein leeres Gehirn hat und ein Gesicht von schlechter Farbe und daher Kopfweh hat, esse oft die inneren Kerne dieser Frucht, und es füllt das Gehirn und gibt ihm richtige Farbe.
Wer aber lungenkrank ist und einen Schaden an der Leber hat, esse diese Kerne oft, ob roh oder gekocht, und sie geben und bringen der Lunge Kräfte, weil sie den Menschen in keiner Weise dämpfig oder trocken machen, sondern sie machen ihn stark.
(PHYSICA CAP. 3–10, S. 228)

Mandeln enthalten wertvolle Eiweiße und Fette, nur wenig Zucker, so dass sie auch für Diabetiker gut geeignet sind. Bei Hildegard sind die süßen Mandeln gemeint, nicht die giftigen Bittermandeln.

Walnuss

Der Nussbaum ist warm und hat Bitterkeit, und bevor er Früchte hervorbringt, ist seine Bitterkeit und Wärme im Stamm und in den Blättern, und diese Bitterkeit gibt Wärme ab und bringt Nüsse hervor. Aber in einem Menschen, der viel Nüsse isst, seien sie frisch oder alt, entsteht leicht Fieber, jedoch gesunde Menschen können es überstehen, kranke dagegen nehmen Schaden. Das aus den Nüssen gepresste Öl ist warm und es macht das Fleisch der davon Essenden fett und macht sie fröhlich. (PHYSICA CAP. 3–3, S. 219)

Walnüsse sind ein hochwertiges Lebensmittel. Sie lassen die Muskeln wachsen, stärken die Knochenbildung, regen den Stoffwechsel an. Ihr Nährwert ist viermal höher als der des Fleisches, in den südlichen Ländern ein beliebtes Volksnahrungsmittel. Nur die Lunge wird durch Walnüsse etwas belastet, was zur Verschleimung führen kann. Walnüsse tragen zur Fröhlichkeit bei. Sie sind für Diabetiker geeignet wegen der niedrigen Kohlenhydrate, wegen des hohen Eisengehaltes sind sie bei der Blutbildung hilfreich (STREHLOW, S.63).

Geflügel, Fleisch

Wurst, Käse und Fleisch sollen nur als Beilage und nicht als Hauptgericht eingesetzt werden. Tierfleisch verfettet den Menschen und kann Krankheiten auslösen, so z.B. das Fleisch vom Schwein, da es den Schleim und die Schwäche im Menschen vermehrt. Es gibt Fleisch, das Gesunde wie Kranke essen können, wie etwa Lamm, Ziege, Hirsch, Reh und einige Fischarten. Fleisch nur für Gesunde sind Rind und Gans, Ente und Hühnchen, Lachs und Forelle.

Geflügel

Huhn, Pute, Fasan, Straußenfleisch, ohne Haut gegessen, sind für Gesunde und Kranke leicht verdaulich.

Huhn

Der Hahn und die Henne haben beide eine kalte und trockene Natur und fliegen nicht hoch. Ihr Fleisch ist für gesunde Menschen gut, gegessen macht es sie nicht fett, die Kranken aber erquickt es ein wenig. Wenn jener, der sehr krank ist, Hühnerfleisch essen will, lasse er es mit anderen beliebigen Fleischarten kochen, damit es mit deren Saft gemäßigt wird, weil Hühnerfleisch trocken ist, und so esse er. Die Henne ist für die Kranken besser als der Hahn. Die Leber der Henne und des Hahns, wenn oft gegessen, taugt gegen Krankheiten, die den Menschen innerlich schädigen. Hühnerfedern sind schlecht für das Kopfkissen, weil sie die Gicht in jenen Menschen erregen.
Die Eier von Geflügel sind mehr von kalter als von warmer Natur und sind schädlich zu essen, aber die Eier von Hühnern können gegessen werden, aber mäßig. (PHYSICA CAP.6–14, S.373)

Zum Geflügel zählt auch der Fasan, der ein Wildhuhn ist. Er ist wegen seines zarten Fleisches beliebt. Von der Pute schreibt Hildegard nicht, sie ist ähnlich dem Hühnerfleisch, als Diät- und Schonkost gut zu essen.

Ente

Die Ente, die zahm ist, hat schwere Wärme und etwas von der Luft der Wildtiere. Sie ernährt sich von Unreinem. Die gesund sind, können ihr Fleisch verkraften, für die Kranken aber taugt es nicht. Wer eine Ente essen will, brate sie am Feuer. Die Eier aber sind Gift und für Menschen wie der Biss der Spinne. (PHYSICA CAP.6–12, S.372)
Die Wildente ist heilsamer zur Speise des Menschen, weil sie sich immer im Wasser aufhält. (PHYSICA CAP.6–13, S.373)

Hausgans

Die Hausente wird nicht empfohlen, da sie sich von Unreinem ernährt, besser ist die Wild- und Flugente, weil sie sich öfter am Wasser aufhält.

Gans (Hausgans)

Die Gans ist warm und sie lebt auch von jener Luft, von der die Wildtiere leben, und auch von der wässerigen Luft, die ihr die Federn spreizt. Sie hält sich gern im Wasser auf und ernährt sich von reiner und unreiner Nahrung. Wegen dieser doppelten Natur taugt ihr Fleisch für Kranke nicht zum Essen, weil es im Menschen oft Schleim und Geschwüre bereitet. Aber Menschen, die gesund sind, können das gegessene Fleisch verkraften.

Wenn jemand eine Gans essen will, lasse er sie 2 bis 3 Tage lang starken Durst leiden, damit die schlimmen Säfte, die in ihr sind, verschwinden, dann soll er sie mit Korn ernähren, dann töte er sie und brate sie am Feuer.

Wenn sie gebraten wird, stopfe er Salbei und andere Kräuter in sie hinein und ihr Saft wird die Gans durchdringen. Und er besprenge sie immer mit Wein und Essig, damit das Blut aus ihr herausfließt, weil ihr Fett nicht gegessen werden soll, da es den Menschen krank macht und weil es von üblen Säften fett geworden ist. Und wer gesund ist, der esse sie auf diese Weise gebraten mäßig. (PHYSICA CAP. 6–10, S. 370)

Das Gänsefett soll man nicht essen, da es den Magen des Menschen durch seine falschen Säfte krank macht.

Die Hagelgans ist sehr warm und schnell im Flug, für Gesunde und Kranke ist sie gut zu essen. Sie ernährt sich von reinem Futter. (PHYSICA CAP. 6–11, S. 371)

Strauß

Der Strauß ist sehr warm. Er hat die Flügel der Vögel, aber mit ihnen fliegt er nicht, weil er wie ein Wildtier schnell läuft. Er hält sich bei der Erde auf und er ernährt sich von Futter. Er versteckt seine Eier im Sand, wo sie von Feuchtigkeit und von der Hitze und von ihm selbst ausgebrütet werden. Für fette und starke Menschen ist sein Fleisch gut zu essen. Für Magere und Kranke taugt es nicht. Wer melancholisch ist, der esse oft von seiner Leber. Ein Mensch, der Epilepsie hat, esse oft Straußenfleisch und es nimmt ihm den Wahnsinn der Fallsucht weg. (PHYSICA CAP. 6–2, S. 359)

Das Straußenfleisch hat von allen Fleischarten mit 0,2 % das wenigste Fett; es ist ein Diätmittel. Straußenfleisch lässt sich wie Putenfleisch zubereiten. (STREHLOW)
Der Fettanteil anderer Fleischsorten zum Vergleich:
Lammkotelett 32 %, Schweinekotelett 25 %, Rindslende 10 % (STREHLOW, S. 83).

Fleisch

Das Fleisch vom Pferd und Esel ist schwer zu essen und taugt nichts für die Menschen, auch Verarbeitungen in Wurst sind zu meiden.

Rind

Das Rind ist kalt in seiner Beschaffenheit, es taugt wegen der Kälte, die es in sich hat, für den kalten (schlecht durchbluteten) Menschen nicht zum Essen, für den warmen ist es gut zu essen.
Wenn jemand die stechende Krankheit in seinen Gliedern hat, und wenn er auch in seinem Magen Schmerzen hat, dann koche er die Füße und es unterdrückt die stechende Krankheit in den Gelenken der Glieder und den Magenschmerz. Wer oft Rindsleber isst, den stärkt sie wegen ihrer guten Natur.
Die Milch der Kühe und anderer Tiere, nämlich der Schafe und der Ziege, ist im Winter heilsamer als im Sommer. Die Butter, die aus der Mich ausgepresst wird, hat angenehme Wärme. Aber die Butter der Kühe ist besser und heilsamer als die der Schafe oder Ziegen. Milch, Butter und Käse aus der Kuhmilch können von Gesunden und Kranken, Kalten und Warmen mäßig gegessen werden. (PHYSICA CAP. 7–14, S. 438)

Rindfleisch kann nicht ohne Einschränkung gesunden und kranken Menschen gleichermaßen empfohlen werden. Für Gesunde mit guter Durchblutung ist Rindfleisch förderlich. Kranke hingegen, die eine verminderte Durchblutung und kalte Gliedmaßen haben, sollten Rindfleisch meiden.

Im Rind finden sich verschiedene Heilmittel. Die Gelatine der Rinder- und Kalbsfüße ist ein gutes Mittel, das bei stechenden Gelenkserkrankungen und Magenschmerzen gegessen werden kann. Kalbsfuß- oder Rindfußsuppe hat sich bei Osteoporose, Arthrose oder Gelenkschmerzen und Arthritis hervorragend bewährt.

Rindfleisch ist schwer verdaulich, enthält große Mengen von Cholesterin und gesättigte Fettsäuren, ist daher für Herz-Kreislauf-Patienten nicht geeignet (STREHLOW, S.85). Ebenso verhält es sich mit dem Kalbfleisch, heute muss man darauf achten, dass es weder mit Hormonen noch mit Antibiotika gemästet wurde.

Schaf

Das Schaf, ob Widder oder Lamm, ist kalt, aber dennoch wärmer als das Rind. Es ist auch feucht und einfach und hat keine Bitterkeit und Herbheit. Sein Fleisch ist für gesunde und kranke Menschen gut zu essen. Wer am ganzen Körper schwach ist und dessen Adern welk sind, der schlürfe oft vom Saft des Schaffleisches und von der Suppe, in der es gekocht wird, wenn er will, und er esse mäßig Schaffleisch. Wenn er sich erholt hat, esse er genügend davon, wenn er will. Dieses Fleisch ist im Sommer gut zu essen, weil die Hitze es wärmt, im Winter aber taugt es nicht zum Essen, weil es kalt ist.
Und der Mensch esse oft und genügend Schafsleber und es mindert den Schleim in ihm und reinigt den Unrat seines Magens. Wer auf der Brust hustet und wer den Atem nur schwer einzieht und ausstößt, der esse oft Schafslunge und es wird ihm besser gehen. Auch die Schaffelle sind zur Kleidung des Menschen gut, weil sie dem Menschen weder Hochmut, noch Begierde, noch Krankheit bringen; darum gab Gott dem Adam eine Kleidung aus Schaffellen. (PHYSICA CAP. 7–15, S.441)

Lammfleisch ist eine besondere Delikatesse, bei der hl. Hildegard wird es bei Kraftlosigkeit, Krampfaderleiden und Bindegewebsschwäche empfohlen.

Ziege

Der Ziegenbock hat sehr plötzliche Wärme und eine unbeständige Art, sein Fleisch ist für gesunde und kranke Menschen gut zu essen. Wenn es oft gegessen wird, heilt es die zerbrochenen und zerquetschten Eingeweide und es heilt und stärkt den Magen dessen, der es isst. Die Ziege, wenn sie stark ist, kann bis zum August gegessen werden. Der Ziegenbock aber ist im August gut zu essen. Die Jungen, Böcklein oder Geißen, taugen bis zum August für den Menschen zum Essen. Der Mensch, der Magenschmerzen hat, der brate die Leber des Ziegenbocks und so esse er sie oft bis zur Mitte des August, und sie reinigt seinen Magen und heilt ihn wie ein guter Trank. Wenn jemand Schmerzen in der Lunge hat, dann trinke er häufig Ziegenmilch und er wird geheilt werden. (PHYSICA CAP. 7–16, S. 443)

Von jungen Ziegen kann das Fleisch als Braten zubereitet, gekocht oder gedünstet werden. Alte Ziegen oder Ziegenböcke wird man des intensiven Geschmacks wegen zu Wurstwaren verarbeiten.

Hase

Der Hase ist mehr warm als kalt und er hat die Sanftheit des Schafes und die Sprünge des Rehes. (PHYSICA CAP. 7–18, S. 446)

Bei Hildegard finden wir keine Hinweise über die Genießbarkeit des Hasen, ebenso fehlen Hinweise für die Kaninchen. Im Kapitel über den Igel steht:

… und koche ihn wie einen Hasen in Wasser
(PHYSICA CAP. 7–18, S. 446).

Demnach soll der Hase in Wasser gekocht werden.

Wild

Reh, Hirsch, Wildschwein werden als Diätfleisch bevorzugt.

Der Hirsch hat plötzliche Wärme in sich, er ist weniger kalt, sondern mehr warm, und er frisst reines Futter. Sein Fleisch ist für Gesunde und Kranke gut zu essen. Wenn ein Mensch Hirschfleisch ziemlich warm, aber nicht heiß isst, dann reinigt es seinen Magen und macht ihn leicht. (PHYSICA CAP. 7–10, S. 434)

Das Reh ist gemäßigt und sanft und hat eine reine Natur, und es steigt gern auf die Berge, es ist gemäßigt. Und auf den Bergen sucht es jene Kräuter, die von der dortigen Luft wachsen, und so frisst und verbraucht es gutes und gesundes Futter. Und sein Fleisch ist für gesunde und kranke Menschen gut. Ein Mensch, der von „wicht" geplagt wird, der esse oft von seiner Leber. Wenn jemand oft von seinem Fleisch isst, dann reinigt es ihn von Schleim und Unrat. (PHYSICA CAP. 7–11, S. 436)

Das Wildschwein ist reiner als das Hausschwein. Es ist besonders geeignet, wenn es in Edelkastanienwäldern aufwächst. Dieses Fleisch wird bei abgemagerten Patienten mit schweren Krankheiten bei Kraftlosigkeit und Kräfteverfall verwendet.

Hirschfleisch ist geeignet bei Magen-, Darmleiden, Gastritis, Blähungen und Verschleimungen. Die Rehleber ist ein Heilmittel für die von der hl. Hildegard beschriebene „Vichtkrankheit" (Krebs-Vorstadium).

Hirsch

Schwein

Das Schwein ist warm und hat eine hitzige Natur in sich und es ist schleimig, weil keine Kälte es reinigt. Und es ist etwas eitrig und ist immer fressgierig und daher kümmert es sich nicht darum, was es frisst, manchmal frisst es auch Unreines. Und in seiner Gier hat es eine wölfische Art, weil es die übrigen Tiere zerreißt.

Es hat auch eine hündische Art, weil es wie ein Hund gern bei den Menschen verweilt. Es ist ein unreines Tier, weshalb sein Fleisch nicht gesund ist. Es ist weder für gesunde noch für kranke Menschen gut zu essen, weil es im Menschen weder den Schleim noch andere Schwächen mindert, sondern vermehrt, weil seine Wärme sich zur Wärme des Menschen hinzufügt, erregt es im Menschen Stürme in seinen Sitten und Taten, was schlecht ist.

Aber ein Mensch, der sehr krank ist, so dass er dürr ist, der esse mäßig von jungen Schweinchen, während er krank ist, damit er von ihrer Wärme Wärme gewinne und nachdem er genesen ist, esse er nicht mehr davon, weil dies wiederum Krankheiten in ihm vermehren würde. **(PHYSICA CAP. 7–17, S. 444)**

Schweinefleisch soll von körperlich und seelisch gesunden Menschen in keiner Weise gegessen werden. Dazu zählen auch Zubereitungen in Wurstwaren. Schweinefleisch beeinflusst den Verlauf vieler Krankheiten negativ (Rheuma, Gicht, Arthritis, Arthrose).

Fisch

Hildegard von Bingen unterscheidet drei unterschiedliche Fischqualitäten nach ihrem Aufenthaltsort und den Ernährungsgewohnheiten. Raubfische, die von anderen Fischen oder von gesunden Algen leben, sind für Gesunde und Kranke gut: Barsch, Dorsch, Gold- und Rotbarsch, Kabeljau, Hecht, Zander, Wels, Äsche und Hering.

Bei Fischen, die nur für Gesunde gut sind, entscheidet nicht nur die Nahrung der Fische über ihre Fleischqualität, sondern die Feinstofflichkeit: Stör, Bachforelle, Bitterling, Karpfen, Blaufelchen und Lachs. (See-)Lachs hat gesünderes Fleisch als der Salm. Gemästete und gezüchtete Forellen und Lachse sollte man nicht kaufen, weil oft Antibiotika und Hormone mitgefüttert werden.
Fische, die weder für Kranke noch für Gesunde gut sind:
Hering (roh), Aal, Scholle und Salm.
Salzhering schadet weniger, gebratener Hering ist heilsamer als gekochter. Aal nützt dem Menschen so wenig wie Schweinefleisch, doch schadet er nicht viel. Im Kranken verursacht er Fieber und Schwächeanfälle.

Fische sind leicht verdaulich und eignen sich als Krankenkost. Der Fisch enthält hochwertiges Eiweiß und die wertvollen, polyungesättigen Fettsäuren 1-Omega-3-Fischöl...

Bachforelle

> Die Bachforelle stammt mehr von der warmen als von der kalten Luft und sie liebt die Nacht und sie hält sich am Grund von „bruchwaszern" auf, jedoch ernährt sie sich nicht sehr unrein. Für kranke Menschen taugt sie nicht viel zum Essen, die Gesunden aber schädigt sie nicht. (PHYSICA CAP. 5–15, S. 338)

Kranke sollen die Bachforelle nicht essen.

Barsch

> Der Barsch stammt mehr von der warmen als von der kalten Luft und er liebt den Tag und er ist gern im Sonnenschein. Er hält sich auch in der Reinheit der Gewässer auf und dort sucht er reine Nahrung. Sein Fleisch ist gesund und es ist für kranke und gesunde Menschen gut zu essen. (PHYSICA CAP. 5–17, S. 339)

Sein Fleisch ist gesund für Gesunde und Kranke.

Äsche

Die Äsche stammt mehr von der kalten als von der warmen Luft, sie hält sich gern in der Mitte der Gewässer auf. Sie ruht auch gern über Steinen und Lehm und frisst Gras und Pflänzlein, von denen auch ihr Fleisch gesund und gut ist. (PHYSICA CAP. 5–20, S. 340)

Die Äsche kann von Gesunden wie von Kranken gegessen werden.

Hecht

Der Hecht stammt mehr aus der warmen als aus der kalten Luft. Er hält sich gern in der Reinheit und in der Mitte der Gewässer auf. Er liebt den Tag, er ist herb und grimmig wie ein Tier im Wald. Wo immer er verweilt, frisst er die Fische und entleert jene Gewässer von anderen Fischen. Denn er verlangt reine Nahrung und hat hartes und gesundes Fleisch. Sowohl kranke wie gesunde Menschen können ihn gut essen. Wenn ein Mensch die Leber des Hechts oft isst, bereitet sie gute und angenehme Verdauung. (PHYSICA CAP. 5–9, S. 342)

Hecht

Hering

Der Hering stammt von der kalten Luft, er hat eine unbeständige und kalte Natur und er liebt den Tag, er hält sich am Grund und an der Oberfläche der Gewässer auf und er sucht reine Nahrung. Wenn er gefangen wird, so dass er frisch ist, taugt er dem Menschen nicht zum Essen, weil er ihn aufschwellen lässt und ihn in seinem Körper eitrig macht. Und daher ist der Hering, wenn er frisch ist, für Gesunde und Kranke schädlich zu essen.
Aber wenn er nachher mit Salz durchdrungen wird, wird der Eiter durch das Salz vermindert. Ein Mensch, der gesund ist, kann ihn auf diese Weise verkraften. Sowohl für den Kranken als auch für den Gesunden ist der Hering besser und heilsamer gebraten als gekocht zu essen, ebenso die Milch und der Rogen. (PHYSICA CAP. 5–22, S. 342)

Kranke sollten auf Hering in jeder Zubereitungsform verzichten. Gesunde können gebratenen Hering in Maßen essen.

Gründling

Der Gründling stammt mehr von der warmen Luft als von der kalten.
Er liebt den Tag, wo spritzige Gewässer sind, dort verweilt er gern. Er
frisst, was rein ist, und für gesunde und kranke Menschen ist er gut zu
essen. (PHYSICA CAP. 5–23, S. 343)

Karpfen

Der Karpfen ist mehr warm als kalt, er liebt den Tag mehr als die
Nacht. Er hat die Wärme der Sümpfe in sich und von den Sümpfen
hat er weiches und schwaches Fleisch. Und in ihnen sucht er die Nahrung und er hält sich gern im Schaum der Gewässer auf. Sein Fleisch
schadet einem gesunden Menschen nicht, einem Kranken schadet er
etwas. (PHYSICA CAP. 5–11, S. 343)

Kranke Menschen sollten auf Karpfen verzichten, Gesunde können ihn ohne Bedenken
essen. Der Karpfen sollte nicht zu alt sein.

Rotauge

Das Rotauge stammt mehr von der warmen als von der kalten Luft, es
wendet sich im Schaum de Gewässer nach oben. Es frisst Moos, das
an Klippen wächst, und Pflänzlein, die dort wachsen. Es ist für gesunde
und kranke Menschen gut zu essen. (PHYSICA CAP. 5–21, S. 341)

Lachs

Der Lachs stammt mehr von der kalten als von der warmen Luft und er
tummelt sich mehr in der Nacht als am Tag und er liebt mehr den
Mond als die Sonne. Sein Fleisch gleicht ein wenig dem Mond, und er
ist weich und schwach und er ist für keinen Menschen gut zu essen,
weil er alle üblen Säfte erregt, die im Menschen sind.
(PHYSICA CAP. 5–5, S. 328)

Milch, Käse, Eier

Milch

Milch soll nur maßvoll getrunken werden. Zur Milchverdauung braucht der Magen Labferment, das nur Kälber und Kleinkinder haben. Bei Erwachsenen fehlt dieses Ferment, so dass Milch den Magen belastet (‚wie ein toter Hund‘ im sauren Magen liegen bleibt), fördert Verschleimung. Heute gibt es immer mehr Laktoseintoleranz.

Sauermilchprodukte und Sahne werden bei Hildegard nicht beschrieben, aufgrund ihrer guten Verträglichkeit werden sie in der Hildegardküche eingesetzt. Saure Sahne mit mindestens 15 % Fettgehalt wird in den meisten Rezepten verwendet zur Verfeinerung von Suppen, Saucen, bei Fleisch, Fisch, Geflügel, Gemüse und Salat.

Joghurt wird gut vertragen, besonders ohne Aromen, Konservierungsstoffe und Dickungsmittel. Bei alten Menschen werden Kräuterquark, Sauermilch und Joghurt gut vertragen, sie sorgen für eine gute Verdauung.

Käse

Gesunde Menschen können harten Käse (Emmentaler, Gouda, Tilsiter) essen, während die Dicken lieber weichen Käse, Quark, Frischkäse, Kräuterkäse, Hüttenkäse und Camembert vorziehen sollten. Es gibt Ziegen-, Schafs-, Kuhkäse.

Bei Käseunverträglichkeit (Eiweißallergie) kann man durch Würzen mit Mutterkümmel den Käse verträglich machen.
Menschen mit Lungenschwäche (Bronchitis, Asthma) sollten sich vor überbackenem Käse hüten. Pizza, Käseauflauf, Käsespätzle, Fondue verschleimen.

Eier

Hildegard warnt vor zu hohem Eierverbrauch, weil sie die Eingeweide des Menschen schädigen, Schleim und Fäulnis in Magen und Darm hervorrufen. Weiche Eier sind eher gesund als harte, die im Magen beschwerden machen. Einem Kranken taugen weder weiche noch harte Eier zum Essen. Der Dotter des Eies ist gesünder als das Weiße. Ein rohes Ei ruft die Fäulnis im Menschen hervor.

Butter

Kuhbutter ist besser und heilsamer als Schaf- oder Ziegenbutter.
Für einen gesunden Menschen ist Butter gut und gesund zu essen.
Wenn er aber fettes Fleisch am Körper hat, esse er mäßig.
(PHYSICA CAP. 7–14, S. 439)

Butter ist gut bekömmlich und verträglich, besonders für Kranke. Sobald Butter erhitzt oder gebraten wird (nach dem Kochen erst zusetzen), verliert sie ihre Bekömmlichkeit.

Margarine

Margarine ist industriell gehärtetes Pflanzenöl; sie enthält gesundheitsgefährdende Transfettsäuren, die die Blutgefäße verstopfen und zu Herzinfarkt, Schlaganfall und Thrombose, Übergewicht und Diabetes führen können. Margarine hat in der Hildegardküche nichts zu suchen.

Mandelbäume im Fruhling

Öle

Zum Anmachen von Wurzelgemüsesalate wird das Kürbisöl empfohlen. Walnussöl können Gesunde und Kranke vertragen.

> Das aus den Nüssen gepresste ÖL ist warm und macht das Fleisch der davon Essenden fett und macht sie fröhlich. (PHYSICA CAP. 3–3, S. 220)

Olivenöl

> Das Öl aus der Frucht des Ölbaums taugt nicht viel zum Essen, weil es Übelkeit hervorruft und andere Speisen schlecht genießbar macht. Aber es ist brauchbar für Heilmittel. (PHYSICA CAP. 3–16, S. 235)

Olivenöl wird in südlichen Ländern häufig zum Kochen benutzt, Hildegard rät davon ab.

Mandelöl

> Der Mandelbaum ist sehr warm, seine Kraft steckt in der Frucht ... (PHYSICA CAP. 3–10, S. 228)

Süßes Mandelöl ist gesundes ÖL, ein Diätöl. Hildegard schreibt nichts über Distelöl und Sonnenblumenöl, die allgemein gut verträglich sind. In der Hildegardküche wird hauptsächlich kaltgepresstes Sonnenblumenöl verwendet, das sehr gut vertragen wird.
Pflanzenöle sind wichtige Lieferanten von essentiellen Fettsäuren, die der menschliche Organismus zum Überleben braucht.

Essig, Weinessig

> Der Essig kommt vom Wein und taugt zu allen Speisen, so dass er den Speisen auf solcher Art beigegeben wird, dass er ihnen den Geschmack nicht wegnimmt, sondern mit ein wenig Essig in ihnen wahrgenommen wird. So reinigt der Essig, mit etwas Speise genommen, den Unrat im Menschen und er mindert die Säfte in ihm und die Speise nimmt den rechten Weg in ihm. (PHYSICA CAP. 1–183, S. 173)

> Alle Speisen vermische der Mensch mit Essig (WEINESSIG) und den Essig, wie immer er kann, trinke er oft. (PHYSICA CAP. 3–54, S. 265)

Der Essig reinigt. Der Kranke soll die Speise, die er genießt, mit Essig angemacht werden, weil die Wärme und Schärfe des Essigs die Leber zusammenziehen. (CC, S. 264/265)

Der Essig kommt vom Wein und taugt zu allen Speisen, und zwar dann, wenn er den Gerichten so beigefügt wird, dass er ihnen den Eigengeschmack nicht wegnimmt, sondern nur ein wenig Essig in ihnen wahrgenommen wird. So reinigt der Essig mit etwas Speise genommen, den Unrat im Menschen. Er reduziert die schlechten Säfte und sorgt für eine richtige Verdauung.

In der Hildegardküche wird nur Weinessig verwendet, kein Apfelessig, weil Wein mit seinen 600 Inhaltsstoffen im Vergleich zu den Äpfeln eine engere Beziehung zum menschlichen Blut hat. Mit Essig und Salz können wir rohes Obst, Salat oder Gemüse entgiften und in einigen Fällen haltbar machen. Das bedeutet nicht, dass man alle Schadstoffe beseitigen kann, wie beispielsweise bei den Gurken, sie bleiben auch als Essiggurken unbekömmlich.

Gurken wachsen aus der Feuchtigkeit der Erde und aktivieren die Säure und das Bittere im Blut. Sie eignen sich nicht zum Essen bei Kranken. (PHYSICA CAP. 1–87, S. 97)

Salz

Das Salz ist sehr warm und etwas feucht, und es ist nützlich zu mancherlei. Wenn ein Mensch die Speisen ohne Salz isst, macht es ihn innerlich lau, aber wenn er mäßig mit Salz gewürzt isst, stärkt und heilt es ihn. Jede Speise muss so gesalzen werden, dass die Speise mehr Geschmack hat als das Salz in ihr gespürt wird. (PHYSICA CAP. 1–182, S. 172)

Vom Feuer hat das Salz seine Trockenheit, sein Geschmack aber rührt her von der Feuchtigkeit des Wassers. (CC, S. 43)

Ur-Steinsalz	Das beste und billigste Salz ist das unbehandelte Ur-Steinsalz aus den Salzbergwerken unserer Heimat. Das sind von der Sonne eingetrocknete Weltmeere, als sie noch nicht mit Schwermetallen belastet waren, wie beispielsweise das eingetrocknete Mittelmeersalz heute.
Geglühtes Steinsalz	Dieses Salz wäre am besten, wobei man das Steinsalz über Nacht im Backofen bei 150°C austrocknet.

Siedesalz	Salz, das über dem Feuer geröstet ist, ist gesünder als feuchtes Meeressalz.
Kräutersalz	Dieses Salz eignet sich nicht, wenn Lauch als Würzkraut zugegeben ist.
Jodiertes Speisesalz	Dieses Salz hat gezeigt, dass das zugesetzte Kaliumjodid die Schilddrüse entzündet.

Ohne Salz kann der Mensch nicht leben, es ist lebensnotwendig wie Wasser. Unser Körper braucht täglich drei Gramm Salz; Bluthochdruckpatienten nur ein Gramm. Die lebensnotwendigen Salzmengen sind in vielen Lebensmitteln bereits enthalten, wie in Brot, Käse, Gemüse und Fisch. Zu viel Salz belastet jedoch die Schleimhäute.

Wasser

Das Wasser kommt vom Lebensquell und von ihm kommen auch die sprudelnden Gewässer, die allen Schmutz abwaschen.
(PHYSICA CAP. 2–2, S. 204)

Quellwasser	Quellwasser ist weniger konzentriert und reiner wie Flusswasser, weil es da, wo es entspringt durch Erde, Sand und Gestein gereinigt wird. Es ist für den Menschen gut als Getränk, weil es schmutzfrei ist.
Oberflächenwasser	Dieses Wasser taugt nicht zum Trinken, da es heute noch zusätzlich fast alle Drogen und Arzneimittel enthält, die die Kläranlagen passieren.
Leitungswasser	Unser Leitungswasser ist meistens Grundwasser und gut zum Trinken, wenn es nicht durch die Agrar-Chemie verseucht ist. Mineralwasser mit einer höheren Konzentration als Zellwasser trocknet die Körperzellen aus, weil sie den Zellen Wasser entziehen, um sich selbst nach dem Osmoseprinzip zu verdünnen.

Nach Hildegard gibt es verschiedene Wasserqualitäten und viele Gefahrenquellen, dabei hat der Ursprung des Wassers, das Klima und die Luftverschmutzung eine große Bedeutung.

Alle Gewässer aber, die am Orte ihres Ursprungs schädlich sind, werden um so gesunder, je weiter sie von ihrem Ursprung abließen, weil

sie nach ihrem langen Lauf das, was in ihnen schädlich und giftig ist, verlieren und gereinigt werden. Im Besonderen ist Brunnenwasser gut zum Trinken und Kochen. (CC, S.50, S.204)

Tee

Alle Teearten haben auch eine medizinische Wirkung, deshalb nicht gezielt zum Durstlöschen einsetzen.

Salbeitee	Reinigt alle schlechten Säfte.
Ringelblumentee und Lavendeltee	Zur Beseitigung von Giftstoffen in der Leber.
Ringelblumentee	Hat sich bewährt bei Lebensmittel-, Pilz-, Fleisch-, Drogen-, Alkohol- und Arzneimittelvergiftung.
Fencheltee und Hagebuttentee	Können unbedenklich literweise getrunken werden.

Auf kurze Zeit (4 Wochen) sind auch Tees von Himbeer- und Brombeerblätter, Melisse, Pfefferminze und Brennnesseltee gut. Da Hildegard nichts über grünen und schwarzen Tee schreibt, müssen wir nach eigenen Erfahrungen handeln. Bei Hildegard gibt es nur wenige Kräuter-Abkochungen mit Wasser, die meisten mit Wein. Wein und Bier werden als Getränk empfohlen, Wasser tritt als Getränk in den Hintergrund.

Wein

Der Wein heilt und erfreut den Menschen mit seiner gesunden Wärme und seiner großen Kraft (CC, S.227)

Der Wein ist nämlich das Blut der Erde und ist in der Erde wie das Blut im Menschen und hat eine Art Gemeinschaft mit dem Blut des Menschen. Der Mensch, der sehr guten und starken Wein trinken will, soll diesen mit Wasser vermischen, damit seine Kraft und Wärme etwas vermindert und gemäßigt wird… (CC, S.214)

Die Weinrebe hat feurige Wärme und Feuchtigkeit, aber jenes Feuer ist so stark, dass es ihren Saft zu einem anderen Geschmack umwandelt, als ihn andere Bäume oder andere Kräuter haben.
Wenn ein Mensch zum Zorn oder zur Traurigkeit gereizt wird, soll er sogleich Wein am Feuer wärmen und mit kaltem Wasser mischen und er wird sich leichter fühlen. (PHYSICA CAP.3–54, S.265)

Gelöschter Wein hat eine froh machende Wirkung, beseitigt Zorn und Traurigkeit.

Als die älteste Medizin der Menschheit kann der Wein bezeichnet werden. Ein Glas Wein kann nicht nur Herz- und Kreislauf, auch die Hirndurchblutung verbessern, wodurch das körperliche und seelische Wohlbefinden gestärkt wird. Wein hilft bei Altersschwäche, Appetitmangel, Magenschwäche, Nervenschwäche, Angst, Schlaflosigkeit und macht die Augen hell. Mit wenigen Tropfen Wasser oder durch das Eintauchen eines Brotes wird der Wein temperiert. Hildegard empfiehlt den Wein als Heilmittel.

Bier

Das Bier macht das Fleisch des Menschen fett und gibt seinem Antlitz eine schöne Farbe durch die Kraft und den guten Saft des Getreides. (CC, S. 227)

Bier ist ein universales Lebens- und Genussmittel, ein Entschlackungsmittel bei Rheuma und Gicht. Bei Lungenleiden, Neurosen, Epilepsie ist Bier dem Wein als Heilmittel vorzuziehen. Bier wird aus Geste, Roggen, Weizen und Dinkel gebraut.

Obstsäfte

Ein Nahrungsmittel, das einen feuchten Saft enthält wie der Saft der Gartenkräuter und der Saft des Obstes, macht häufig dem Menschen zuweilen Kopfschmerz, wenn er ohne Beigabe von trockenem Brot genossen wird …

Obst- und Gemüsesäfte sollen nur zu den Mahlzeiten getrunken werden. Dabei soll ein kleines Stück Brot mitgegessen werden, das die verschiedenen Säfte aufnimmt, damit kein Kopfschmerz entsteht. Es eignen sich Apfelsaft, Kirsch-, Kornelkirsch-, Quitten-, Trauben-, Johannisbeer-, Himbeer-, Brombeer-, Orangen- und Zitronensaft.

Kaffee

In der *Physica* und in *Causae et Curae* wird der Kaffee nicht erwähnt. Dieses Getränk besteht aus stark gerösteten Samen oder Früchten, die mit heißem Wasser übergossen werden. Heute ist Dinkelkaffee aus gebrannten Dinkelkörnern sehr schmackhaft, auch ein guter Abführtrank.

Gewürze

Gewürze und Kräuter bringen eine Abwechslung in der Küche, fördern eine gute Verdauung und Durchblutung. Hildegard kannte viele Kräuter und Gewürze für die Küche und als Heilmittel.

Die hl. Hildegard macht in Causae et Curae darauf aufmerksam, dass die verschiedenen edlen Kräuter, wie auch die Pulver und die aus den edlen Pflanzen bereiteten Gewürzen gesunden
Menschen nichts nützen, wenn sie ordnungslos genossen werden. Die Gewürze sollen mit Brot oder Wein oder mit anderen Speisezutaten, nur in seltenen Fällen ‚pur', verzehrt werden. Sie sollen hauptsächlich mit der Nahrung oder gleich nach dem Essen aufgenommen werden, weil sie dann die Säfte der Speisen verdünnen und den Menschen befähigen, die aufgenommenen Nahrung zu verdauen. (CC, S.276)

Basilikum

Der Basilikum ist kalt. Aber ein Mensch, der an seiner Zunge die Lähmung hat, so dass er nicht sprechen kann, der lege Basilikum unter seine Zunge und er wird die Sprache wieder erlangen. Aber auch wer starke Fieber hat, der koche Basilikum in Wein, gebe Honig bei und er seihe das und er trinke das oft nüchtern und nach dem Essen des Abends, und die Fieber in ihm werden weichen.
(PHYSICA CAP. 1–230, S. 200)

Bei Zungenlähmung, Schlaganfall und Fieber wird Basilikum empfohlen. Er kann in Gemüseeintöpfe, grüne Salate, als Basilikumsauce, zu Fisch, Lamm, Wild, Fleisch, Sülze, Schwarzwurzel, Spargel beigegeben werden und zur Herstellung von Kräuteressig verwendet werden.

Kräuteressig   Klein geschnittener Dill, Basilikum und Estragon (150–200 g) mit 1 Liter Weinessig übergießen, 3–4 Wochen stehen lassen. Einige Spritzer an Salaten und Saucen.

Basilikum

Beifuss

Der Beifuss ist sehr warm und sein Saft ist sehr nützlich. Wenn er gekocht wird und in Mus gegessen wird, heilt er kranke Eingeweide und er wärmt den kranken Magen. Wenn jemand isst und trinkt und davon Schmerzen leidet, dann koche er mit Fleisch oder mit Fett oder in Mus den Beifuss und esse ihn, und die Fäulnis, die der Kranke sich durch frühere Speisen und Getränke zugezogen hat, nimmt er weg und vertreibt sie. (PHYSICA CAP. 1–107, S. 114)

Beifuss ist eine wichtige Heilpflanze in der Hildegard-Heilkunde. Sie eignet sich zur Behandlung von Völlegefühl und Verdauungsstörungen wie bei Sodbrennen, Magen- und Zwölffingerdarmgeschwüren und Gastritis.

Rezeptur Frische, klein gewiegte Beifußblätter oder 1–3 Messerspitzen in Fleisch oder Gemüsegerichten mitkochen. Aus frischen Blättern kann auch eine Art Spinat zubereitet werden. Beifuss muss immer mitgekocht werden, damit sich die giftigen Thujonstoffe verflüchtigen.

Bertram

Der Bertram ist von gemäßigter und etwas trockener Wärme und diese rechte Mischung ist rein und erhält gute Frische. Denn für einen gesunden Menschen ist er gut zu essen, weil er die Fäulnis in ihm mindert und das gute Blut in ihm vermehrt und einen klaren Verstand im Menschen bereitet. Aber auch den Kranken, der schon fast in seinem Körper gestorben ist, bringt er wieder zu Kräften und im Menschen schickt er nichts unverdaut heraus, sondern bereitet ihm eine gute Verdauung. Und einem Menschen, der viel Schleim im Kopf hat und Bertram häufig isst, dem mindert er den Schleim in seinem Kopf. Auf welche Weise er gegessen wird, trocken oder in einer Speise, ist er nützlich und gut sowohl für den kranken wie auch für den gesunden Menschen. Denn wenn ein Mensch ihn oft isst, vertreibt er von ihm die Krankheit und verhindert, dass er krank wird. Beim Essen im Mund ruft er den Speichel hervor, er zieht die üblen Säfte heraus. (PHYSICA CAP. 1–18, S. 44)

Bei Fehlernährung, zur Anregung der Verdauungssäfte, bei Stoffwechselschwäche, Verschleimung der Atemwege und zur Stärkung des Immunsystems wird Bertram verwendet. 1–3 Messerspitzen gemahlenen Bertram über jedes Essen streuen oder mitkochen in Saucen, Suppen, Dinkelgerichten, auf Brot. Bertram kann als Universalgewürz in jedem Gericht mitgekocht werden. Die Wurzel wird verwendet.

Brennnessel

Die Brennnessel ist in ihrer Art sehr warm. In keiner Weise nützt es, dass sie roh gegessen wird wegen ihrer Rauheit. Aber wenn sie frisch aus der Erde sprießt, ist sie gekocht nützlich für die Speisen des Menschen, weil sie den Magen reinigt und den Schleim aus ihm wegnimmt. Dies macht jede Art der Brennnessel.
(PHYSICA CAP. 1–100, S. 107)

Die Brennnessel wird in zahlreichen Hildegard-Rezepturen verwendet. Sie wird eingesetzt bei Magenverschleimung, Gastritis, zur Blut- und Stoffwechselreinigung, bei Gedächtnisschwäche. Außerdem wird die Brennnessel bei Venenschwäche, Venenentzündung, Krampfadern eingesetzt.

Man kann entweder allen Gemüse- oder Fleischspeisen 1–2 Teelöffel frische oder getrocknete Brennnesselblätter zusetzen oder mitkochen. Wenn man frische Brennnessel mit jungen Trieben hat, kann man daraus ein Gemüse wie Spinat bereiten, auch Brennnessel-Spinat-Omelett als Blutreinigungs-Kur in den Monaten April bis Mai sind zu empfehlen.

Bei Gedächtnisschwäche sollen das Brustbein und die Schläfen mit Brennnessel-Öl vor dem Schlafengehen eingerieben werden. Brennnesselsaft aus Brennnesseltrieben herstellen, Olivenöl dazu geben.

Brennnessel

Dill

> Der Dill ist von trockener und warmer und gemäßigter Natur. Auf welche Art er gegessen wird, macht er den Menschen traurig … Roh taugt er nicht zum Essen, weil er größere Feuchtigkeit der Erde in sich hat als der Fenchel. Gekocht gegessen unterdrückt der Dill die Gicht, und so ist er nützlich beim Essen. **(PHYSIA CAP. 1–67, S. 85)**

Dill eignet sich für Fisch und Gemüsegerichte, für die Grüne Sauce. Bei akutem und chronischem Nasenbluten Dill mit zwei Teilen Schafgarbe frisch geerntet, in grobe Stücke geschnitten auf die Stirn, die Schläfen, das Brustbein legen.

Diptam

> Der Diptam ist warm und trocken und er hat die Kräfte des Feuers und die Kräfte des Steins in sich, weil er wie der Stein hart ist in seinen Kräften. Und wie der im Feuer Wärme hat, der aus ihm hervorgeht, so ist der Diptam kräftig gegen Krankheiten, über die er das Übergewicht hat. Wenn der Stein im Menschen zu wachsen beginnt, pulverisiere er Diptam und esse dieses Pulver oft mit Weizenbrot, und er hindert den Stein am Wachsen. Und der Mensch, in dem der Stein wuchs, der lege das Diptampulver in Essig, der mit Honig vermischt ist, und er trinke dies oft nüchtern und der Stein in ihm wird zerbrochen. Aber wer im Herzen Schmerzen hat, esse das Pulver, und der Herzschmerz wird weichen. **(PHYSICA CAP. 1–115, S. 124)**

Das Diptampulver wird bei Arteriosklerose und Blutfett angewendet. 1 Teelöffel pro Tag über das Essen streuen, in Gemüsesuppe, Saucen und auf Kräuterbrot. Diptam ist eine schön blühende rosenfarbige Schmuckpflanze im Juni/Juli.

Eisenkraut

> Das Eisenkraut ist mehr kalt als warm. Wenn infolge von Geschwüren fauliges Fleisch im Menschen ist, dann koche er Eisenkraut in Wasser und dann lege er ein leinenes Tuch auf die fauligen Wunden und lege das Eisenkraut, nach mäßigem Ausdrücken des Wassers, mäßig warm auf jenes leinene Tuch über der Wunde. Nachdem es ausgetrocknet ist, lege auf gleiche Weise wiederum anderes gekochtes Eisenkraut darauf, tue dies so lange, bis die Fäulnis weg ist. **(PHYSICA CAP. 1–154, S. 152)**

Zur Nachbehandlung von schlecht heilenden Wunden, Abszessen, Schleimbeutel-entzündungen, Lymphdrüsenschwellungen, Gürtelrose, Eiterherden allgemein und bei Schwellungen am Kehlkopf als Kompresse auflegen oder mit einem Tuch den Umschlag festbinden, wird der Umschlag trocken, dann erneuern.

Flohsamen

> Das Flohkraut ist von kalter Natur und in jener Kälte hat es eine ange-
> nehme Mischung. Und wer es in Wein kocht und den Wein so warm
> trinkt, dem nimmt es starke Fieber. Und den bedrückten Geist eines
> Menschen macht es durch seine angenehme Mischung froh und för-
> dert und stärkt sein Gehirn, sowohl durch Kälte als auch durch seine
> Mischung zur Gesundung... Aber wer Fieber im Magen hat, koche
> Flohkraut in Wein, und nach Absieben des Weins, gebe er das Floh-
> kraut in ein Tuch und binde es so warm auf seinen Magen, und er wird
> die Fieber in seinem Magen vertreiben. (PHYSICA CAP.1–24, S.49)

Vom Flohkraut essen wir den Samen zur Darmreinigung, er kann über eine Suppe
gestreut werden. Da die Wirkung von der Quellfunktion abhängt, ist 4-fache Flüssig-
keitsmenge nötig.

Galgant

> Der Galgant ist warm und hat keine Kälte in sich und ist heilkräftig.
> Ein Mensch, der ein hitziges Fieber in sich hat, pulverisiere Galgant
> und trinke dieses Pulver in Quellwasser, und er wird das hitzige Fie-
> ber löschen. Und wer im Rücken oder in der Seite wegen üblen Säften
> Schmerzen hat, der siede Galgant in Wein und trinke ihn oft warm
> und der Schmerz wird aufhören. Und wer Herzweh hat und wer im
> Herz schwach ist, der esse bald genügend Galgant, und es wird ihm
> besser gehen. (PHYSICA CAP.1–13, S.39)

Galgant

Galgant ist ein Gewächs aus der Ingwerfamilie. Es ist im europäischen Raum nicht
anzubauen, nur in China, Indien, Thailand. Galgant hilft rasch vor allem als universel-
les Herzmittel, heilt aber nicht die Ursache der Herzbeschwerden.
Auch bei Erschöpfungszuständen, Kreislaufschwäche, zur Verhütung von Herzinfarkt,
bei Rückenschmerzen, Seitenstechen, Kopfschmerzen, krampfartigen Zuständen 1–2
Galgant-Tabletten im Mund zergehen lassen oder Galgantwein schluckweise warm
trinken. Galgant hat Scharfstoffe, ätherische Öle und krampflösende, verdauungsför-
dernde Eigenschaften. 1–2 Messerspitzen Galgantpulver ins Essen streuen, sorgt für
eine gute Durchblutung und Vitalisierung.

Quitten-Galgant-Konfekt mit 5–10 % Galgant-Anteil schmeckt lecker und wirkt wie Galgant, wobei der Zucker Energie für die Nervenzellen liefert. Galgant als Pulver oder Wurzelstücke kann auch für Marinaden, zum Abschmecken von Kürbis und Obstsalate, Kompott und Marmeladen verwendet werden.

Gewürznelke

Die Gewürznelke ist sehr warm und hat auch eine gewisse Feuchtigkeit in sich. Wenn jemand Kopfschmerzen hat, so dass ihm der Kopf brummt, esse er oft Nelken. Wenn kranke Eingeweiden im Menschen anschwellen, wenn die Wassersucht schon im Menschen zu wachsen beginnt, esse jener oft Nelken, und sie unterdrücken die Krankheit, weil ihre Kraft in die Eingeweide jenes Menschen übergeht und ihre Geschwulst mindert und die Wassersucht so in die Flucht schlägt. Wenn die Gicht im Menschen zunimmt und er dann oft Gewürznelken isst, geht ihre Kraft in das Mark jenes Menschen und verhindert, dass die Fußgicht wächst und weiter in ihm vorrückt.
(PHYSICA CAP. 1–27, S. 51)

Die getrockneten Blütenknospen wirken bei Depressionen, Konzentrationsschwäche, Ermüdbarkeit und Antriebsschwäche als Universalmittel zur Blutreinigung und Entgiftung. Die Nervenkekse aus Muskatnuss, Nelken und Zimt sollten regelmäßig gegessen werden, täglich nicht mehr als 5–8 Stück. Bei Gicht und Wassersucht 3–4 Gewürznelken täglich kauen. Ganz oder gemahlen nimmt man Nelken zu Fleischgerichten, zu Ragout, Kompott und zum Backen.

Krauseminze

Die Krauseminze ist von mäßiger und scharfer Wärme. Und wem die Gicht schadet, der zerstoße sie und seihe ihren Saft durch ein Tuch und füge etwas Wein hinzu. Und so trinke er sie morgens und abends und zur Nacht und die Gicht wird weichen. Und wie das Salz, mäßig beigefügt, jede Speise mäßigt, so gibt die Krauseminze, wenn sie dem Fleisch, den Fischen oder Speisen oder dem Mus beigefügt wird, jener Speise einen guten Geschmack und eine gute Würze, und so erwärmt sie auch den Magen und verschafft eine gute Verdauung.
(PHYSICA CAP. 1–78, S. 92)

Sie wird angewendet bei Gastritis und Verdauungsschwäche. Frische kleingehackte Krauseminzenblätter vor der Blüte geben in Suppen, Kräutersaucen, Salat, Omeletts, Lamm- und Wildgerichten einen feinen Geschmack.

Kümmel

Der Kümmel ist von gemäßigter Wärme und trocken. Für den Menschen, der dämpfig ist, ist er gut und nützlich und gesund zu essen, auf welche Weise er auch immer gegessen wird. Für den Gesunden ist er gut zu essen, weil er ihm einen guten Verstand bereitet und jenem milde Wärme einbringt, der zu warm ist. Aber jedem schadet er, der krank ist, wenn er ihn isst, weil er die Krankheit in ihm auflodern lässt, ausgenommen jenem, der in der Lunge Schmerzen leidet. Ein Mensch, der gekochten oder gebratenen Käse essen will, streue Kümmel darauf, damit er nicht davon Schmerzen leidet, und so esse er. (PHYSICA CAP. 1–17, S. 43)

Kubebe

Die Kubebe ist warm und jene Wärme hat die richtige Mischung in sich und sie ist auch trocken. Und wenn jemand Kubebe isst, dem wird jene ungeziemende Begierde, die in ihm ist, gemäßigt. Aber sie macht auch seinen Geist fröhlich und macht seinen Verstand und sein Wissen rein, weil die nützliche und gemäßigte Wärme der Kubebe die ungeziemenden Gluten der Begierde auslöscht und den Geist des Menschen und seinen Verstand macht sie erhellend klar. (PHYSICA CAP. 1–26, S. 50)

Die Kubebenfrüchte sind dem bekannten Pfeffer nahe verwandt, sie schmecken würzig und bitter, aber nicht scharf.

Liebstöckel

Der Liebstöckel ist von gemäßigter Wärme. Mit anderen Gewürzen gekocht und gegessen, schadet er nicht… Und wenn ein Mensch an Drüsen am Hals Schmerzen leidet, dann nehme er Liebstöckel und etwas mehr Gundelrebe, und er koche es gleichzeitig in Wasser. Nach Ausgießen des Wassers lege er es warm um den Hals und er wird geheilt werden. Eine Frau, die an verhaltenem Monatsfluß leidet, mache eine Suppe aus Eiern und hinreichend Butterschmalz unter Zugabe von etwas Liebstöckelsaft und Wein. Davon mache sie Gebrauch vor und nach dem Essen. (PHYSICA CAP. 1–139, S. 143)

Liebstöckel ist ein wichtiges Kraut bei Hildegard. Es ist nicht nur in der Küche als „Maggikraut-Würze" gut zu verwenden in Suppen, Saucen, Fleischgerichten, sondern auch zahlreiche Heilmittel werden daraus hergestellt.

So setzt man es in Kombination mit andern Kräutern bei Halsdrüsen- und Schilddrüsenschwellung ein, bei Lungenerkrankungen, Bronchitis, Asthma, bei Menstruationsproblemen. Alle Teile der Pflanze werden verwendet.

Liebstöckel

Muskatnuss

Die Muskatnuss hat eine große Wärme und eine gute Mischung in ihren Kräften. Und wenn ein Mensch die Muskatnuss isst, öffnet sie sein Herz und reinigt seinen Sinn und bringt ihm einen guten Verstand. Nimm wie auch immer, Muskatnuss und in gleichem Gewicht Zimt und etwas Nelken und pulverisiere das. Und dann mach mit diesem Pulver und mit Semmelmehl und etwas Wasser Törtchen und iss dies oft und es dämpft die Bitterkeit des Herzens und deines Sinnes und es öffnet dein Herz und deine stumpfen Sinne und es macht deinen Geist fröhlich und reinigt deine Sinne. Es mindert in dir alle schädlichen Säfte und es verleiht deinem Blut einen guten Saft und macht dich stark. (PHYSICA CAP. 1–21, S. 47)

Als Universal-Nervenmittel, gegen Trübsinn, zur Blutreinigung, Entgiftung, bei Konzentrationsschwäche findet die Muskatnuss ihre Anwendung. Gerichte aus Fleisch, Gemüse, Käseauflauf, Kürbissuppe, Obstsalat erhalten erst durch etwas geriebene Muskatnuss ihren feinen Geschmack.

Petersilie

Die Petersilie ist von kräftiger Natur und hat mehr Wärme als Kälte in sich und sie wächst vom Wind und von der Feuchtigkeit. Und sie ist für den Menschen besser und nützlicher roh als gekocht zu essen. Und gegessen mildert sie die Fieber … Wer im Herz oder in der Milz oder in der Seite Schmerzen hat, der koche Petersilie in Wein und füge etwas Essig und genug Honig bei, dann siebe er es durch ein Tuch, und so trinke er oft, und es heilt ihn.
Aber auch wer einen kranken Magen hat, der nehme Petersilie und zweimal so viel Fenchel und soviel Seifenkraut wie Petersilie und aus diesen mache er eine Tunke, der er Butter oder Rinderfett und gebratenes Salz beifügen soll, und so gekocht esse er es. Wer Lauch isst und davon Schmerzen hat, der esse sogleich Petersilie, und er wird weniger Schmerzen haben. (PHYSICA CAP. 1–68, S. 85)

Petersilie ist fast das beliebteste Gewürzkraut, das mit krausen Blättern – mehr zum Garnieren gedacht – und mit glatten Blättern vorkommt. Fein gewiegte Petersilie passt zu Salaten, Suppen, Eintopfgerichten. Sie darf nicht mitgekocht werden, weil sie sonst ihre Würze verliert.

Quendel (Gartenthymian)

Der Quendel ist warm und gemäßigt. Ein Mensch, der krankes
Fleisch des Körpers hat, so dass sein Fleisch wie die Krätze ausblüht,
der esse oft Quendel, entweder mit Fleisch oder Mus gekocht und das
Fleisch seines Körpers wird innerlich geheilt und gereinigt werden.
Und wenn das Gehirn krank und wie leer ist, dann pulverisiere er
Quendel und dieses Pulver vermische er mit Semmelmehl in Wasser
und so mache er Törtchen und er esse sie oft und sein Gehirn wird sich
besser befinden. (PHYSICA CAP. 1–32, S. 54)

Quendel ist eines der wichtigsten Kräuter der Hildegard-Küche. Besonders in der
heutigen Zeit, in der viele Menschen unter Hautallergien und Neurodermitis leiden,
sollte Quendel in den Speisen mitgekocht werden, als Würze in Fleisch-, Lammgerich-
ten, Gemüseeintöpfen, Leberknödeln.
Die Heilpflanze wird auch zur Blutreinigung, zur Förderung der Gehirnduchblutung
und Gedächtnisleistung verwendet, am besten als Quendelkekse.

Quendelkekse
Man bereitet aus 500 g Dinkelmehl, 250 g
Butter, 100 g braunem Zucker, 20 g Quendel-
krautpulver, 2 Eigelb und etwas Wasser einen
Mürbeteig. Daraus werden Rollen geformt, die
man in dünne Scheiben schneidet. Auf Backpapier bei ca. 190° C im Backofen goldbraun
backen.

Quendel (Gartenthymian)

Weinraute, Raute

Die Raute wächst mehr aus dem starken und vollen Grün der Erde als von der Wärme. Sie ist stark an Kräften in der Feuchtigkeit und sie ist gut gegen die trockenen Bitterkeiten, die in jenem Menschen wachsen, in dem die richtigen Säfte fehlen. Aber sie ist besser und nützlicher roh als pulverisiert zu essen. Wenn sie gegessen ist, unterdrückt sie die unrechte Hitze des Blutes im Menschen. Denn die Wärme der Raute vermindert die unrechte Wärme und Kälte der Melancholie. Und so wird es dem Menschen, der melancholisch ist, besser gehen, wenn er sie nach anderen Speisen isst. Aber auch wenn jemand eine andere Speise gegessen hat, wovon es ihn schmerzt, esse er nachher Raute, und es schmerzt ihn weniger. (PHYSICA CAP. 1–64, S. 81)

Die Weinraute wird eingesetzt bei Depressionen, Hitzewallungen, Verdauungsstörungen, Gallenstau, Sodbrennen, Hormon-Regulationsstörungen, Wechseljahrbeschwerden. Nach den Mahlzeiten werden regelmäßig 2–3 Einzelblättchen oder 1–2 Weinraute-tabletten eingenommen. Die frischen Blätter der Raute haben einen bitter-aromatischen Geschmack, sie sind geeigneter als getrocknete Produkte.

Ysop

Der Ysop ist von trockener Natur und ist gemäßigt warm und er ist von so großer Kraft, dass sogar der Stein ihm nicht widerstehen kann, der dort wächst, wo der Ysop hingesät wird. Und wenn man ihn oft isst, reinigt er den kranken und stinkenden Schaum der Säfte. Ysop ist für alle Speisen nützlich. Gekocht ist er aber nützlicher.
Gegessen macht er die Leber ‚querk' und reinigt etwas die Lunge. Wer hustet und an der Leber Schmerzen hat, wer dämpfig ist und an der Lunge leidet, von denen soll jeder Ysop entweder mit Fleisch oder mit Fett essen und es wird besser werden. Wenn aber einer Ysop nur dem Wein oder dem Wasser beifügt, und isst, wird er davon mehr geschädigt als gefördert werden.
Wenn die Leber infolge der Traurigkeit des Menschen krank ist, soll er junge Hühner mit Ysop kochen, und er esse oft sowohl den Ysop als diese jungen Hühner. Aber auch den rohen in Wein eingelegten Ysop esse er oft und diesen Wein trinke er, weil der Ysop ihm nützlicher ist für diese Krankheit als jenem, der an der Lunge Schmerzen hat.
(PHYSICA CAP. 1–65, S. 82)

Ysop sollte in keinem Fleischgericht fehlen, an Suppe und Saucen gibt Ysop eine würzige Strenge.

Ysop

Rezeptur bei Leberleiden durch Traurigkeit

Man kocht ein frisches Suppenhuhn zusammen mit 5–10 Stengel frischem oder
3–4 Esslöffel getrocknetem Ysopkraut. Außer etwas Salz keine weiteren Gewürze
verwenden! Diese Suppe wird 2–3 Mal pro Woche mit einer guten Einlage (Produkte
aus Dinkel wie Dinkelnudeln, Dinkelgrieß) und dem mitgekochten Fleisch gegessen.
Dazu wird nach Hildegard folgender Kräuterwein getrunken:

Kräuterwein

Man gießt in eine Weinkaraffe 1 Liter guten Wein, legt je nach Geschmack 5–10 Stengel frisches oder 3–5 Esslöffel getrocknetes Ysopkraut darin ein. So lange ziehen
lassen, bis der Wein Geschmack angenommen hat. Die Heilkräuter bleiben im Wein,
nicht aussieben. Von diesem Kräuterwein wird zur Ysopsuppe je nach Bedarf 1–3 Mal
täglich 1 Likörglas eingenommen.

Zimt

Der Zimt ist auch sehr warm und hat starke Kräfte und hält auch
mäßig Feuchtigkeit in sich. Aber seine Wärme ist so stark, dass sie
diese Feuchtigkeit unterdrückt. Wer ihn oft isst, mindert die üblen
Säfte und bereitet gute Säfte in ihm.
Der Mensch, der infolge von Gicht und Lähmung geplagt wird, und
wer tägliche Fieber hat, nehme ein aus Stahl gefertigtes Gefäß und
gieße guten Wein hinein und lege Holz und Blätter des Zimtbaumes
hinein solange sie Saft in sich haben und er lasse es am Feuer kochen
und trinke es oft warm und er wird geheilt werden.
Und ein Mensch, dem der Kopf schwer und stumpf ist, so dass er den
Atem schwer durch die Nase ausstößt und einzieht, der pulverisiere
Zimt und esse dieses Pulver oft mit einem Bissen Brot oder lecke es in
seiner Hand, und es löst die schädlichen Säfte, durch die sein Kopf
stumpf ist, auf. (PHYSICA CAP. 1–20, S. 46)

Zimt ist gut gegen Fehlsäfte, bei Stoffwechselstörungen, Harnsäuregicht, Diabetes,
Malaria. Zimt kann und soll Süßspeisen als Würze beigegeben werden, weil er den
Menschen von schlechten Säften reinigt. Im Habermus (Brei aus Dinkelschrot oder
Flocken in Wasser gekocht) zu Milch- und Mehlspeisen, Kompott, Bratapfel, zu Glüh-
wein und Punsch mit den dazugehörigen Zimtsternen, in kleinen Prisen zu Lamm-
und Geflügelbraten.

Zum Geleit

Wenn wir nach den Weisungen der hl. Hildegard leben wollen, weil wir erkannt haben, dass sie uns gut tun, so ist damit nicht nur die Ernährung gemeint, sondern das Leben in den Rhythmen der Natur aus der Erkenntnis heraus, ich bin ein Mensch, ein innig geliebtes Geschöpf Gottes. Ich habe einen Auftrag, mein Leben hat einen Sinn, ich weiß um meine Zukunft.

Ein gutes Essen erfreut nicht nur unsere Sinne, es erheitert das Gemüt und schenkt Freude am Leben in Gemeinschaft.

Geist Du lebenspendendes Leben!
Durch Dich wogen die Wolken und fliegen die Lüfte,
    träufeln die Steine,
    bringen die Quellen die Bäche hervor,
    lässt sprossen die Erde das Grün.
Du bringst auch immer Menschen voll Einsicht hervor,
    beglückt durch den Odem der Weisheit.
Darum sei Lob Dir, du Klang allen Lobes
    und Freude des Lebens,
    Du Hoffnung und machtvolle Ehre,
    da Du die Gaben des Lichtes verleihst.
(HILDEGARD V. BINGEN, LIEDER, S. 235)

Zu all unserem Sein und Tun – zum Leben und zum Kochen –
segne uns der gütige Gott, der Vater, der Sohn, der Heilige Geist!

Sr. Hiltrud Gutjahr OSB
Abtei St. Hildegard, Rüdesheim-Eibingen

Verwendete Literatur

Werke der hl. Hildegard

Hildegard von Bingen Das Buch der Lebensverdienste,
Liber Vitae Meritorum, LVM
– Übersetzt von Heinrich Schipperges, Otto Müller Verlag, Salzburg, 1972

Hildegard von Bingen Das Buch vom Wirken Gottes,
Liber Divinorum Operum, LDO
– Übersetzt von Mechthild Heieck, Pattloch Verlag, München, 1998

Hildegard von Bingen Lieder
– Herausgegeben von Pudentiana Barth OSB, M. Immaculata Ritscher OSB,
Joseph Schmidt-Görg, Otto Müller Verlag, Salzburg, 1969

Hildegard von Bingen Heilkraft der Natur,
Physica
Das Buch von dem inneren Wesen der verschiedenen Naturen
der Geschöpfe
– Übersetzt von Marie-Luise Portmann, Christiana-Verlag, Stein am Rhein,
2. Auflage 2005

Hildegard von Bingen Ursachen und Behandlung der Krankheiten,
Causae et Curae, CC
– Übersetzt von Hugo Schulz, Karl F. Haug Verlag, Heidelberg, 2. Auflage 1980

Sekundärliteratur

Monika Klaes *Leben der heiligen Hildegard*,
Kanonisation der heiligen Hildegard
– Herder Verlag in Fontes Christiani, Freiburg, 1998

Wighard Strehlow *Die Ernährungstherapie der
Hildegard von Bingen*
– Lüchow Verlag, Stuttgart, 2003

Reinhard Schiller *Heilige Hildegard – Ernährungslehre*
– Econ-Taschenbuch Verlag, Düsseldorf, 1996

Teil II

Rezepte

„Die Entdeckung eines neuen Gerichts ist für das Glück der Menschheit von größerem Nutzen als die Entdeckung eines neuen Gestirns."

Jean-Anthèlme Brillat-Savarin

Dinkel-Ganzkörner-Grundrezept

500 g Dinkel

Dinkel mit 1,5 l Wasser zum Kochen bringen und ca. 30 Minuten köcheln und weiter eine Stunde quellen lassen. Die Körner sollten bissfest und das Korn aufgespalten sein (zur besseren Verwertung im Darm). **Das Kochwasser kann man wegen der guten Nährstoffe, die aus den geöffneten Dinkelkörnern ausgetreten sind, für Suppen mit Fleisch- oder Gemüsebrühe weiter verwenden. Die noch geschmacklosen gekochten Körner können mit Butter, Gewürzen (Bertram, Galgant, Quendel) und etwas Salz als Dinkelreis oder Dinkelgrütze mit Gemüse serviert werden.**

Kichererbsen Grundrezept

500 g Kichererbsen
1 Stange Sellerie
1 Möhre
1 Knoblauchzehe
Kubebenpfeffer
Salz

Kichererbsen über Nacht in Wasser einweichen, Wasser abgießen und die Kichererbsen abspülen. Mit frischem Wasser aufkochen, abschäumen und mit einer Stange Sellerie, einer Zwiebel, einer Möhre, einer Knoblauchzehe, Salz und Kubebenpfeffer etwa 1 Stunde weich kochen. **Die Kichererbsen können mit etwas Butter, Gewürzen (Bertram, Galgant, Quendel) und etwas Salz abgeschmeckt werden. Sehr gut als Beilage warm oder kalt zu servieren. Kalt mit oder ohne Gemüse püriert, ein feiner Brotaufstrich oder Dipp mit frischem Dinkelbrot als Vorspeise.**

Kichererbsen werden neben Esskastanien und Dinkel von der heiligen Hildegard besonders empfohlen.

Dinkel-Vollkornnudeln Grundrezept

300 g Dinkel Vollkornmehl
200 g Dinkel Vollkorngrieß
5 Eier
3 El Olivenöl
½ Tl Salz

Grieß und Mehl vermischen, Eier, Olivenöl und Salz dazugeben, wenn nötig, etwas lauwarmes Wasser hinzufügen und so lange kneten bis ein fester glatter und homogener Teig entsteht. Mindestens eine halbe Stunde lang in Kühlschrank ruhen lassen. Nudeln nach Belieben ausformen. Die Nudeln möglichst am Vortag herstellen und auf einem Leinentuch über Nacht trocknen lassen.

Vorspeisen und Salate

*„Alles ist aus dem Wasser entsprungen,
alles wird durch Wasser erhalten."*

Johann Wolfgang von Goethe

Dinkel-Tofu-Salat mit Galgant

100 g gekochte
   Dinkelkörner
200 g Tofu
50 g Galgantwurzel
150 g Rapunzelsalat
   (Feldsalat)
1 Zucchini
1 Möhre
100 g Speckstreifen
2 El geröstete
   Sesamkörner
1 Zweig Feldthymian
Kubebenpfeffer
Sonnenblumenöl
Weißer Balsamico
Salz

Für 4–6 Personen

❶ Dinkelkörner waschen und wie im Grundrezept kochen. Tofu in 2 cm große Würfel schneiden und mit in Streifen geschnittenem Galgant, Thymian, Salz, Kubebenpfeffer, Balsamico und Sonnenblumenöl marinieren.

❷ In der Zwischenzeit Zucchini und die geschälte Möhre fein würfeln. Speckstreifen mit einem El Öl auslassen, Speck herausnehmen, im Öl das Gemüse darin bissfest rösten.

❸ Den Rapunzelsalat putzen, gut waschen und abtropfen lassen. Rapunzelsalat mit den Dinkelkörnern, Balsamico, zerstoßenem Kubebenpfeffer und Bertram anmachen und auf der Tellermitte anrichten. Mit dem marinierten Tofu, dem Speck und dem Gemüse bestreuen und mit den gerösteten Sesamkörnern und dem Thymian-Zweig garnieren.

Galgant

Krautsalat „*Winzerinnen Art*"

❶ Weiß- und Rotkraut getrennt sehr fein hobeln, mit Salz, Bertram und Galgant durchkneten und ca. eine halbe Stunde ziehen lassen. Äpfel waschen und 2 Stück mit der Schale in ca. 2 cm große Würfel schneiden.

4 Blutorangen
4 Äpfel
50 g Sultaninen
50 g Walnüsse
Je 300 g Weiß-
   und Rotkraut
100 g gekochte
   Dinkelkörner
1 Zitrone
50 g Vollrohrzucker
Kardamom
Je 1 Messerspitze
   Galgant und
   Bertram
Sonnenblumenöl
Salz

Für 4–6 Personen

Walnüsse

❷ Für die Garnierung 2 Äpfel in dünne Spalten schneiden, und mit Zitronensaft beträufeln.
❸ Orangen filetieren, Rot- und Weißkraut gut ausdrücken; wegen der Verfärbung getrennt anmachen. Je die Hälfte der Sultaninen, gewürfelten Äpfel, Dinkelkörner und Sonnenblumenöl den Krautsalaten hinzufügen. Die Walnüsse mit dem Vollrohrzucker karamellieren.

Anrichten Äpfel und Orangenfilets abwechselnd auf den Tellerrand legen, den Krautsalat halbmondförmig gegenseitig daraufgeben und mit den karamellierten Walnüssen garnieren.

Spinatstrudel mit Gorgonzola auf Tomaten-Carpaccio

Für den Strudelteig
300 g Dinkelvollkornmehl
30 ml Sonnenblumenöl
2 Eier
100 ml Wasser
½ Tl Salz

Für die Füllung
1 kg Spinat
1 Zwiebel
200 g Gorgonzola
100 g gekochte
   Dinkelkörner
2 Knoblauchzehen
Dinkelgrieß
Olivenöl
Galgant
Koriander
Salz
Pfeffer

Zum Garnieren
500 g Tomaten
30 g Salzkapern
Kerbel
Basilikum

Für 4–6 Personen

❶ Mit Dinkelvollkornmehl, Öl, Eiern, Salz und Wasser zu einem glatten, geschmeidigen Teig kneten. Den Teig zu einer Kugel formen, mit Öl bestreichen und eine halbe Stunde im Kühlschrank ruhen lassen.

❷ Inzwischen den Spinat putzen, Zwiebel und Knoblauch fein hacken und in Olivenöl kurz dünsten, Spinat hinzufügen, mit Salz, Galgant, Bertram würzen und erkalten lassen.

❸ Auf einem bemehlten Tuch den Teig auf ca. 3–4 mm Dicke ausrollen, dann mit den Händen größer und so dünn wie möglich ziehen. Gleichmäßiger wird der Teig wenn er über eine Tischkante gezogen wird. Den Strudelteig leicht mit Olivenöl bestreichen und mit Dinkelgrieß bestreuen.

❹ Dinkelkörner, Spinat und Gorgonzola gleichmäßig darauf verteilen. Den Strudel vorsichtig mit Hilfe des Tuches einrollen, die Enden gut verschließen, auf ein gefettetes Backblech auf der mittleren Schiene 10 Minuten bei 220° und weitere 20 Minuten bei 180° hellbraun und knusprig backen. Während dessen die Tomaten in dünne Scheiben schneiden.

Anrichten Tomaten auf den Tellerrand anordnen, mit Salz, Basilikum, Olivenöl und Kubebenpfeffer würzen, Strudel leicht schräg aufschneiden und auf die Tellermitte legen und mit Kerbel-Zweigen und Kapern garnieren.

Variationen von Gemüse-Schnitzel
an Galgant-Buttermilch-Dipp

1 kleiner Hokaidokürbis

1 Zucchini

1 kleine Staude Sellerie

1 Aubergine

4 Tomaten

1 Fenchel

2 Knoblauchzehen

30 g Galgantwurzel

100 g Parmesan

200 g Dinkelgrieß

4 Eier

200 g Dinkelschrot

Je vier Zweige Poleiminze
   und Rosmarin

Bertram

Quendel

Kubebenpfeffer

Sonnenblumenöl zum
   Ausbacken

500 g Buttermilch

1 El Salzkapern

Olivenöl

Salz

Für 4–6 Personen

❶ 4 Selleriestangen in ca. 10 cm lange Stücke schneiden und bissfest kochen. Aubergine schälen und in Scheiben schneiden, Zucchini längs in Scheiben schneiden. Den Hokaidokürbis in 3 cm dicke Ringe schneiden, Kerne entfernen, leicht salzen und ca. 15 Minuten ziehen lassen. Fenchel putzen in Viertel schneiden und bissfest kochen.

❷ Alles Gemüse mit Bertram und Quendel würzen und einzeln im Dinkelschrot wenden. Die Eier mit 2–3 Esslöffel Wasser schlagen und die Gemüsestücke einzeln eintauchen. Parmesan und Grieß vermischen und das Gemüse darin panieren.

❸ Eine Pfanne zum Ausbacken aufsetzen, einen Finger hoch Sonnenblumenöl eingießen. Zuerst den Rosmarinzweig in dem noch nicht ganz heißen Öl frittieren, danach das panierte Gemüse ausbacken herausnehmen und auf einem Papiertuch ablegen.

❹ Von den Tomaten die Deckel abschneiden, aushöhlen, salzen und auf die Anschnittseite stellen. Hokaidoabschnitte und Tomatendeckel mit einer Knoblauchzehe in feine Würfel schneiden und zusammen in Olivenöl schmoren. Salzen, mit Kubebenpfeffer würzen und die Tomaten damit füllen. Tomaten in eine Terrine legen, mit Parmesan bestreuen und im Backofen goldgelb gratinieren.

❺ Knoblauch und Galgant fein hacken, Minzeblätter in Streifen schneiden und mit der Buttermilch unterrühren, mit gehackten Salzkapern, Kubebenpfeffer und Olivenöl würzen.

Kürbis-Kräuter-Torte an Paprika-Rucola-Salat

Für den Teig
250 g Dinkelvollkornmehl
125 g Butter
4 Eier
1 kleiner Zweig Rosmarin

Für die Füllung
und den Salat
500 g Paprika-Mix
1 Bund Rucola
250 g Mozzarella
1 kleiner Hokaidokürbis
100 g Schalotten
2 Knoblauchzehen
30 g Galgant
Olivenöl
2–3 Salbeiblätter
Je 1 kleiner Zweig
    Rosmarin und Thymian
Kubebenpfeffer
Grieß
Salz

Für 4–6 Personen

❶ Rosmarin sehr fein hacken. Mit Mehl, Butter, 2 Eiern und einem halben Teelöffel Salz rasch (die Butter soll nicht zerfließen) einen glatten Teig herstellen und eine halbe Stunde kaltstellen.

❷ Paprika waschen und auf einem Backblech bei 200° ca. 20 Minuten garen. *Tipp zum leichteren Abziehen:* Anschließend in einem Plastikbeutel etwas abkühlen lassen. Die gebackene Paprika noch warm abziehen.

❸ Kürbis vierteln, Kerne entfernen. Kürbisstücke in Alufolie einwickeln und auf einem Backblech ca. eine halbe Stunde bei 200° backen

❹ Kürbis und Kräuter fein hacken und mit den Eiern und Mozzarella vermischen.

❺ Kleine Tortenförmchen einfetten, mit Dinkel-Grieß mehlieren, mit dem Teig auslegen und die Kürbismasse einfüllen. Aus den Teigresten Streifen schneiden, kreuzweise darüber legen und über den Rand der Form abquetschen. Im Backofen bei 200° ca. eine halbe Stunde goldgelb backen.

❻ In der Zwischenzeit abgezogene Paprika in Streifen schneiden und für den Salat zur Seite stellen. Schalotten schälen, ebenfalls in Streifen scheiden und mit dem fein gehackten Knoblauch in Olivenöl dünsten.

❼ Rucola grob hacken und mit Paprika, Schalotten, Balsamico, Olivenöl, Salz und gemahlenem Kubebenpfeffer anmachen.

Anrichten Salat auf eine Seite des Tellers geben, Törtchen daneben legen und servieren.

Pumpernickel-Tartufo an Rotweinquitten
„Eine Blume für den Gaumen"

❶ Quitten schälen, halbieren und jede Hälfte in sechs Spalten teilen. Rotwein mit Zimt in eine Kasserolle geben, darin die Quitten bissfest kochen, erkalten lassen und herausnehmen.

❷ Für die Weinsoße den Sud mit der Stärke binden.

❸ Für die Käsebällchen Galgant und Poleiminze fein hacken. Mit Gorgonzola, Butter, Frischkäse und Bertram gut vermengen und eine halbe Stunde kaltstellen.

❹ Aus der Käsemasse Bällchen mit einem Durchmesser von ca. 3 cm formen. Pumpernickel in der Küchenmaschine mahlen und die Käsebällchen gleichmäßig im gemahlenen Pumpernickel wenden. Für die Garnierung Feigen achteln, ohne den Stiel durchzuschneiden.

150 g Gorgonzola
150 g Frischkäse
50 g Butter
3 Scheiben frische
    Galgantwurzel
Poleiminze
4 feste reife Feigen
200 g Pumpernickel
    (ersatzweise
    Schwarzbrot)
1 Messerspitze Bertram
2 Quitten

Für die Soße
0,7 l Rotwein
1 Tl gemahlener Zimt
2 El Speisestärke

Für 4–6 Personen

Quitten

Anrichten Auf einen Teller sechs Quittenspalten im Kreis legen, in der Mitte die Feige blütenförmig auffächern. Je ein Bällchen in die Mitte der Feige und zwischen die Quittenspalten legen. Teller nach Belieben mit der Weinsoße verzieren.

Teil II
Kapitel II

Suppen und Eintöpfe

„Essen ist ein Bedürfnis,
genießen ist eine Kunst."

La Rochefoucauld

Dinkelschrotsuppe

1,5 l Gemüsebrühe
30 g Butter
80 g Dinkelschrot
1 Ei
1 Zwiebel
1 Bund Suppengemüse
100 g geröstete
    Kichererbsen
Galgant
Bertram
Ysop
Salz

Für 4–6 Personen

❶ Kichererbsen über Nacht einweichen, abtropfen lassen und leicht salzen. Bei 200° im Backofen ca. 20 Minuten backen. Alternativ können Sie die gerösteten Kichererbsen auch fertig einkaufen.

❷ In einer Kasserolle Butter erhitzen, die fein gewürfelte Zwiebel und das Suppengemüse darin rösten, Dinkelschrot dazugeben und zu einer goldgelben Mehlschwitze verarbeiten. Die Gemüsebrühe nach und nach dazugeben.

❸ Das Ei schlagen und etwas Gemüsebrühe unterrühren. Mit Galgant, Bertram, Ysop und Petersilie abschmecken. Kichererbsen hacken und mit der Suppe servieren. In die Dinkelsuppe können nach Belieben auch gekochte Dinkelkörner gegeben werden.

Kichererbsen-Fenchel-Cremesuppe

❶ Kichererbsen über Nacht einweichen lassen und nach Grundrezept zubereiten.

❷ Mit frischem Wasser in einem Topf zum Kochen bringen, ca. 45 Minuten kochen lassen, von Zeit zu Zeit abschäumen.

❸ Suppengemüse putzen, Zwiebel schälen, vierteln und mit 4 El Olivenöl zu den Kichererbsen hinzufügen und bei niedriger Hitze weich kochen.

❹ Fenchel putzen, Fenchelgrün aufheben. Fenchel in einer Kasserolle weich kochen. ¼ der Kichererbsen aufheben, ¾ mit dem Fenchel und einem Teil des Fonds pürieren. Soviel Flüssigkeit dazugeben, bis es eine zähflüssige Creme ergibt. Mit Peperoncino, Galgant und Salz abschmecken.

300 g Kichererbsen
300 g Fenchel
1 Zwiebel
1 Bund Suppengemüse
Olivenöl
Peperoncino (Chilischote)
Galgant
Salz

Für 4–6 Personen

Fenchel

Anrichten Mit Kichererbsen, Fenchelgrün garnieren und mit einigen Tropfen Olivenöl servieren. Alternativ mit Tomaten oder Paprikastreifen verzieren.

Artischocken-Cremesuppe

6 Artischocken
50 g Pinienkerne
0,1 l Mandelmilch
2 Knoblauchzehen
1 Zitrone
1 Zwiebel
2 Möhren
Salz
Kubebenpfeffer
20 g frische Galgantwurzel
2 El Dinkelmehl
0,1 l Weißwein
1,5 l Gemüsebrühe
1 kleiner Zweig Poleiminze
Olivenöl

Für 4–6 Personen

❶ Artischocken putzen, Stiele mit einem Sparschäler schälen, kurz in Zitronenwasser legen und abtropfen lassen. Zwiebel und Möhren in kleine Würfel schneiden und mit Olivenöl dünsten. Die abgetropften Artischocken hinzufügen und einige Minuten mitdünsten. Mit Dinkelmehl bestreuen, etwa 3 Minuten einziehen lassen und mit dem Weißwein ablöschen.

❷ Mit der Gemüsebrühe auffüllen und zugedeckt bei schwacher Hitze etwa 30 Minuten simmern lassen bis die Artischocken weich sind. Die ganzen Artischocken heraus nehmen, abtropfen lassen, den Bart entfernen und die weichen Teile pürieren (die zarten Blätter zum Garnieren aufheben). Artischockenfond angießen, die Mandelmilch dazugeben, mit Kubebenpfeffer und Salz würzen und kurz aufkochen lassen.

❸ Den Galgant in feine Streifen schneiden. Die Pinienkerne in einer Pfanne ohne Fett rösten.

Anrichten Artischockensuppe auf Suppenteller verteilen, mit den gerösteten Pinienkernen und Galgant bestreuen, mit Minze und den Artischockenblättern garnieren.

Dinkel-Tofu-Gemüseeintopf

❶ Tofu und Gemüse in feine ca. 1 cm große Würfel schneiden, Knoblauch hacken und mit dem Gemüse in Olivenöl dünsten. Gemüsebrühe dazugeben, mit den Gewürzen zum Kochen bringen, 10 Minuten lang kochen lassen.

❷ Dinkelkörner hinzufügen, gut vermischen, Tofu dazugeben, aufkochen und weitere 5 Minuten kochen lassen.

Anrichten   Mit frisch gehackter Petersilie servieren.

200 g gekochte
   Dinkelkörner
200 g Tofu
200 g Gemüsemischung
   (Möhre, Sellerie,
   Zwiebel, Zucchini,
   grüne Bohnen)
Petersilie
1 Knoblauchzehe
2 l Gemüsebrühe
Je 1 Messerspitze
   Koriander, Galgant,
   Bertram, Quendel und
   Peperoncino
4 El Olivenöl
Salz

Für 4–6 Personen

Dinkel

Gemüsesuppe mit Garnelen
„Minestrone del Gondoliere"

16 Garnelen
1 Zwiebel
1 Knoblauchzehe
1 Möhre
1 Zucchini
1 Stange Sellerie
1 Kartoffel
50 g gekochte
    Dinkelkörner
4 Tomaten
100 g Broccoli
30 g Galgantwurzel
Gemüsebrühe
2 cl Weinbrand
20 g Hummerbutter
1 Zweigspitze Rosmarin
Olivenöl
Salz
1 Prise Peperoncino

Für 4–6 Personen

❶ Möhre und Kartoffel waschen und schälen. Sellerie waschen und putzen. Die Zucchini waschen und mit dem anderen Gemüse in ca. 2 cm große Würfel schneiden. Den Broccoli in kleine Röschen schneiden, den Strunk schälen und würfeln.

❷ Jede Gemüsesorte in separatem, leicht gesalzenem Wasser blanchieren und im Eiswasser schnell abschrecken (Farbe und Bissfestigkeit bleiben so erhalten). Die Gemüsefonds aufheben, nur Kartoffelwasser wegschütten!

❸ Den Strunk aus der Tomate herausschneiden, Tomate oben einschneiden, kurz in heißes Wasser tauchen, abschrecken und abziehen. In Spalten schneiden, Kerne entfernen und in Würfel schneiden.

❹ Die Gemüsefonds mischen. Gemüsebrühe, Hummerbutter, Salz und zerkleinerte Peperoncino hinzufügen und weitere 5 Minuten kochen lassen.

❺ Inzwischen Rosmarin, Knoblauch und Zwiebel fein hacken und in Olivenöl rösten. Garnelen dazugeben, kurz schwenken und mit dem Weinbrand ablöschen, salzen und pfeffern.

Anrichten Gemüse und Garnelen in tiefe Teller verteilen, heiße Gemüsebrühe hinzufüllen, mit in Streifen geschnittenem Galgant bestreuen und mit Dinkelbrot servieren.

Kapitel III

Bratlinge und Klöße

„Deine Nahrungsmittel seien Deine Heilmittel."

Hyppokrates

Kichererbsen-Dinkel-Bällchen an Schinken-Käsesauce

200 g Kichererbsen
200 g Dinkelschrot
2 Eier
3 Knoblauchzehen
20 g Galgant
150 g Rinderschinken
100 g Mozzarella
100 g Gorgonzola
1 l Gemüsebrühe
1 kl. Bund glatte Petersilie
Je 1 Messerspitze
    Muskatnuss und
    Bertram
Fenchelkraut
4 Tomaten
Sonnenblumenöl
Salz

Für 4–6 Personen

❶ Kichererbsen nach Grundrezept vorbereiten.

❷ Kichererbsen pürieren und mit 120 g Dinkelschrot, Eiern, 2 gehackten Knoblauchzehen, Muskatnuss, ¾ der gehackten Petersilie und Bertram würzen und zu einem Teig verarbeiten.

❸ Bällchen mit ca. 3 cm Durchmesser formen, in Dinkelschrot rollen und in einer Pfanne mit Öl goldbraun ausbacken.

❹ 80 g Dinkelschrot mit 4 El Sonnenblumenöl in eine Kasserolle geben und rösten. Die Gemüsebrühe unter Rühren nach und nach zugeben und 10 Minuten zu einer sämigen Soße kochen lassen.

❺ Den gewürfelten Mozzarella und Gorgonzola hinzufügen und glattrühren bis der Käse schmilzt. Schinken und Galgant in dünne Streifen schneiden und zur Käsesoße geben. Mit Muskatnuss und dem Rest der Petersilie würzen und weitere 5 Minuten kochen.

❻ Bei den Tomaten die Haut von der Deckelseite ausgehend, großzügig mit scharfem Messer spiralförmig abschälen. Die Tomatenhaut auf die Deckel zu einer Rose zusammenrollen und für die Garnierung zur Seite legen. Das übrige Tomatenfleisch entkernen und für Garnierung in Streifen schneiden.

Anrichten   Käsesoße auf die Tellermitte geben, mit 5 Kichererbsen-Bällchen belegen, Tomatenrose auf die Bällchen setzen und mit Tomatenstreifen und Fenchelkraut garnieren.

Dinkel-Pfannkuchen mit Pilzfüllung
an Fenchel-Orangen-Salat

Für die Pfannkuchen
50 g Dinkelschrot
100 g Dinkelmehl
3 Eier
40 g Butter
0,3 l Buttermilch
Je 1 Prise Quendel
    und Galgant
Sonnenblumenöl

Für die Füllung
600 g Pilze
30 g Dinkelmehl
1 Zwiebel
1 Knoblauchzehe
50 g Schinkenspeck
0,2 l Sahne
Salz
Kubebenpfeffer
Olivenöl
Salz

Für den Salat
1 Fenchel
2 Orangen
20 g Pistazien
20 g Pinienkerne

Für 4–6 Personen

❶ Dinkelschrot mit 50 ml Wasser mischen und eine ¼ Stunde quellen lassen.

❷ Dinkelmehl mit Buttermilch, Eidottern und Salz zu einem glatten Teig verarbeiten, Dinkelschrot zum Teig mischen und eine halbe Stunde ruhen lassen.

❸ Inzwischen Zwiebel und Knoblauch würfeln und mit dem Speck in wenig Olivenöl dünsten. Pilze dazugeben und mit Mehl bestreuen. Einige Minuten kochen lassen, Sahne hinzufügen, mit Salz und Kubebenpfeffer würzen, weitere 5 Minuten bei mäßiger Hitze kochen.

❹ Eiweiß zu einem steifen Schnee schlagen und vorsichtig unter den Teig heben. Aus dieser Mischung dünne Pfannkuchen am besten in einer beschichteten Pfanne mit wenig Öl ausbacken.

❺ Die Pinienkerne in einer Pfanne ohne Fett goldgelb rösten.

❻ Für den Salat Orangen filetieren und Fenchel in sehr feine Streifen schneiden. Mit dem Orangensaft, ein wenig Olivenöl, Salz, den Pistazien und den gerösteten Pinienkernen einen Dressing zubereiten und in einer Schüssel unter den Salat heben.

Anrichten Die Pfannkuchen jeweils auf dem Teller großzügig befüllen und einschlagen. Den Salat seitlich dazu legen.

Gefüllte Dinkel-Schnitzel
an Rote Beete-Fenchel-Salat

Für die Schnitzel
150 g Dinkelkörner
50 g Dinkelmehl
1 Zwiebel
1 Knoblauchzehe
2 Eier
30 g Schafskäse
8 Scheiben Butterkäse
2 Tomaten
Öl
1 kl. Bund glatte Petersilie
4 Salbeiblätter
Je 1 Messerpitze
    Muskatnuss, Galgant
    und Bertram

Für die Salate
2 Äpfel
2 Rote Beete
1 großer Fenchel
Balsamico
Olivenöl
Salz
Pfeffer

Für 4–6 Personen

❶ Dinkelkörner mit ½ l Wasser und einer Messerspitze Salz weich kochen, abseihen und ¾ davon mahlen, mit fein gehackter Petersilie, Zwiebel, Knoblauch, Eier, Dinkelmehl, Muskatnuss, Galgant und Bertram gut vermengen und zu einer festen Masse verarbeiten.

❷ Aus der Masse 8 flache Schnitzel formen und in heißem Öl goldgelb backen.

❸ Die Hälfte der Schnitzel in der Reihenfolge: Käsescheibe, Tomatenscheibe, Salbeiblatt und Käsescheibe belegen. Mit den übrigen Schnitzeln jeweils abdecken. Auf einem Backblech mit Backpapier bei ca. 200° etwa 10 Minuten backen bis der Käse gut geschmolzen ist.

❹ Inzwischen Fenchel putzen und in sehr feine Scheiben schneiden, mit Balsamico und Olivenöl anmachen.

❺ Die Rote Beete schälen und mit den Äpfeln reiben und ebenfalls mit Olivenöl, Balsamico und Koriander anmachen.

Anrichten Die Schnitzel mit den zwei getrennten Salaten auf einem Teller anrichten und servieren.

Dinkel-Tofu-Bratlinge
an Löwenzahn-Kichererbsen-Gemüse

Für die Bratlinge
Je 50 g Möhren, Zucchini,
    Kürbis und Fenchel
100 g Spinat
1 Zwiebel
1 Knoblauchzehe
150 g gekochte
    Dinkelkörner
80 g Dinkelschrot
2 Eier
150 g Tofu
1 kl. Bund glatte Petersilie
Je 1 Messerspitze Galgant,
    Bertram, Quendel, Salz
    und Peperoncino
Olivenöl
Öl zum Backen

Für das Gemüse
800 g Löwenzahn
200 g gekochte
    Kichererbsen
    (nach Grundrezept
    oder fertig gekauft)
Peperoncino
2 Knoblauchzehen
1 altbackenes Brötchen
Salz
Olivenöl

Für 4–6 Personen

❶ Gemüse, Zwiebel und Knoblauchzehe fein würfeln, in Olivenöl dünsten. Dinkelschrot in Wasser aufkochen. Gemüse, Dinkelkörner, Eier, Tofu, gehackte Petersilie, Galgant, Bertram, Quendel und Peperoncino dazugeben, gut vermischen, eine halbe Stunde quellen lassen.

❷ Aus der Masse Knödel formen, platt drücken und in heißem Öl ausbacken.

❸ In der Zwischenzeit Löwenzahn putzen und in 5 cm lange Stücke schneiden. Den Löwenzahn in 1,5 l Wasser mit ca. 1 Tl Salz in 6–7 Minuten bissfest kochen.

❹ Brötchen in kleine Würfel schneiden und mit den beiden fein gehackten Knoblauchzehen in Olivenöl leicht rösten. Die Kichererbsen und den Löwenzahn dazugeben, gut vermischen und zusammen noch etwa 4–5 Minuten kochen lassen.

Anrichten   Bratlinge mit dem Gemüse servieren. Alternativ zum Garnieren: Einige Brötchenwürfel separat rösten und an das Gemüse legen.

Gelbe Paprika mit Hülsenfrüchte-Tofu-Füllung auf Tomatensoße

2 große gelbe Paprika
(möglichst mit
langem Stiel)
200 g gemischte
Hülsenfrüchte mit
Mungobohnen
150 g Tofu
50 g Walnüsse
50 g Parmesan
500 g Tomaten
500 g passierte Tomaten
200 g Zuckerschoten
20 g Butter
2 Knoblauchzehen
2 Zwiebeln
1 kleiner Bund Basilikum
30 g Dinkelschrot
Olivenöl
Salz
Je 1 Messerspitze
Galgant, Quendel
und Peperoncino

Für 4–6 Personen

❶ Hülsenfrüchte am Vortag einweichen.

❷ Paprika samt Stiel längs halbieren, den Stiel aber nicht abschneiden, Kerne entfernen. Zwiebeln und Knoblauchzehen fein hacken und davon die Hälfte in Olivenöl andünsten. Die Hülsenfrüchte dazugeben und mit Galgant, Quendel und Salz würzen. Den Dinkelschrot darüber streuen und gut vermischt 5 Minuten schmoren lassen.

❸ Tofu in 1 cm große Würfel schneiden, Walnüsse grob hacken und mit der Hälfte des Parmesans zu den Hülsenfrüchten geben, vermischen. Die Füllung in die Paprikahälften geben und mit Parmesan bestreuen. Mit etwa ¼ l Gemüsebrühe in einer Terrine bei 150° ca. 20 Minuten goldbraun backen.

❹ In der Zwischenzeit die Tomaten würfeln, die restlichen Zwiebeln und Knoblauch in Olivenöl andünsten und mit den Tomaten 10 Minuten kochen lassen. Passierte Tomaten und Basilikum nacheinander dazugeben, mit Salz und Peperoncino würzen und weitere 15 Minuten köcheln lassen.

❺ Die Hälfte der Sauce zu den Paprika geben und 10 Minuten fertig backen. Während dessen die Zuckerschoten ca. 3 Minuten in kochendem Wasser blanchieren, abschrecken, abtropfen lassen und in Butter anschwenken.

Anrichten Die Schoten zusammen mit Paprika an Tomatensoße servieren.

Pizza aus Dinkelvollkorn- und Kastanienmehl

❶ Beide Mehlsorten vermischen, Hefe in 50 ml lauwarmen Wasser auflösen, mit ½ Tl Salz, 3 El Olivenöl und Wasser einen glatten und gleichmäßigen Teig herstellen. (Der Teig sollte nicht mehr an den Finger kleben bleiben). Den Teig zugedeckt an einem warmen Ort eine halbe Stunde gehen lassen.

❷ In der Zwischenzeit Spinat putzen und grob hacken (Die Wurzeln nicht entfernen, da dort die meisten Mineralstoffe enthalten sind). Zwiebel fein würfeln und in wenig Olivenöl andünsten. Den Spinat dazugeben, kurz mitdünsten, salzen und erkalten lassen.

❸ Knoblauch sehr fein hacken, mit gehacktem Oregano, Peperoncino und Pizzatomaten verrühren und salzen. Den Pizzateig in eine große oder mehrere kleine eingefettete Formen hinein drücken.

❹ Den Teigboden mit einem Teil des Spinats belegen, Tomatensoße dazugeben, mit Mozzarella und Spinat belegen. Den Parmesan in Stifte schneiden und damit die Pizza garnieren. Vor dem Backen etwas mit Olivenöl beträufeln und bei 220° ca. 15 Minuten backen – bis der Käse goldgelb ist.

200 g Dinkelvollkornmehl
100 g Kastanienmehl
25 g frische Hefe
240 ml lauwarmes Wasser
1 kleine Dose
    Pizza-Tomaten
300 g frischen Spinat
200 g Mozzarella
50 g Parmesan
Salz
1 Zweig Oregano
1 Messerspitze
    Peperoncino
1 kleine Zwiebel
1 Knoblauchzehe
Olivenöl

Für 4–6 Personen

Anrichten Mit Blattsalat und Oliven servieren.
Weinempfehlung Ein kräftiger trockener Rotwein zum Beispiel „Assmanshäuser Spätburgunder" vom Klosterweingut der Abtei St. Hildegard.

Teil II
Kapitel IV

Nudel- und Reisgerichte

„Man soll dem Leib etwas Gutes bieten,
damit die Seele Lust hat darin zu wohnen."

Winston Churchill

Dinkel-Fenchel-Risotto mit Erdnüssen

200 g gekochte
    Dinkelkörner
200 g Arborio-Reis
100 g geröstete Erdnüsse
1 Fenchel
0,2 l Weißwein
1 l Gemüsebrühe
50 g Parmesanspäne
Olivenöl
1 Zwiebel
1 Knoblauchzehe
300 g Kürbis
1 Messerspitze Bertram
Knoblauchgrün
    (ersatzweise
    Schnittlauch)
Kubebenpfeffer
Salz

Garnierung
Oliven und
    Paprikastreifen

Für 4–6 Personen

Kubebenpfeffer

❶ ⅔ der Erdnüsse grob hacken. Zwiebel und Knoblauch fein gehackt in Olivenöl leicht andünsten, Reis dazugeben, anrösten, mit dem Wein ablöschen und bei schwacher Hitze die Gemüsebrühe nach und nach dazugeben.

❷ Nach der halben Garzeit Dinkelkörner, gewürfelten Fenchel, Kürbis und die Hälfte des Parmesans hinzufügen und bissfest fertig garen.

Anrichten Risotto auf die Tellermitte geben, mit Erdnüssen und Parmesanspänen bestreuen, mit Knoblauchgrün garnieren. Wer gerne scharf isst, kann die Paprikastreifen durch kleine Chilischoten ersetzen.

Dinkel-Risotto *„alla Pilota"*

200 g gekochte
   Dinkelkörner
200 g Arborio-Reis
2 l Weißwein
1 Zwiebel
eine grobe Bratwurst
200 g vorgekochte
   Kichererbsen
100 g Dörrfleisch
   (oder luftgetrockneter
   Schinken)
1 l Gemüsebrühe
4 Tomaten
50 g Schafskäse
20 g Butter
1 Knoblauchzehe
2–3 Salbeiblätter
Je 1 kl. Zweig Rosmarin
Je 1 Messerspitze
   Peperoncino und
   Quendel
Olivenöl
Salz

Für 4–6 Personen

❶ Dinkelkörner und Kichererbsen nach Grundrezept vorbereiten.

❷ Die Haut der Tomaten einschneiden, kurz in heißes Wasser tauchen, abschrecken, die Kerne entfernen und in Sechstel schneiden.

❸ Zwiebel fein hacken und in Olivenöl andünsten. Den Reis dazugeben und hell anrösten. Mit Wein ablöschen und bei schwacher Hitze aufkochen.

❹ Die Gemüsebrühe nach und nach dazugeben und etwa 10 Minuten köcheln lassen. Die Bratwurst ausdrücken und zerbröseln.

❺ Die Kichererbsen ohne Flüssigkeit, die Hälfte der Tomaten, Dinkelkörner und die Bratwurstbrösel hinzufügen, mit Quendel würzen und weitere 10 Minuten garen.

❻ Das Dörrfleisch in Streifen schneiden und in einer separaten Pfanne in wenig Olivenöl mit gehacktem Salbei, Rosmarin und Knoblauch knusprig schmelzen lassen.

❼ Butter und den zerbröckelten Käse vorsichtig unter das Risotto heben.

Anrichten Risotto in eine Schale geben, mit der Speck-Kräuter-Schmelze überziehen und mit den restlichen Tomatenecken garnieren.

Nudelfetzen „alla Valdostana"

300 g Dinkelvollkornmehl
200 g Dinkelvollkorngrieß
50 ml Milch
3 Eier
Bertram
200 g Kartoffeln
200 g Wirsingkohl
200 g Mangold
1 Möhre
1 Zucchini
100 g Fontina (Butterkäse)
100 g Butter
1 Knoblauchzehe
3 Salbeiblätter
50 g Parmesanspäne
100 g Walnusskerne
Salz
Pfeffer

Für 4–6 Personen

❶ Dinkelmehl und Grieß miteinander vermischen. Milch, Eier, ½ Tl Salz, 0,1 l lauwarmes Wasser hinzufügen und zu einem glatten, elastischen Teig verarbeiten. Eine halbe Stunde kaltstellen.

❷ Inzwischen das Gemüse putzen, Wirsingkohl, Möhre und Zucchini in ca. 4 cm breite Rauten schneiden. Mangold in 4 cm breite Streifen schneiden. Die Kartoffeln vierteln und in Scheiben schneiden. Erst die Kartoffeln und danach jede Gemüsesorte einzeln blanchieren und in kaltem Wasser abschrecken.

❸ Den Gemüsefond zum Kochen bringen. Den Nudelteig ausrollen, kreuz und quer in mundgerechte „Fetzen" schneiden. Die Nudeln in den Gemüsefond geben, salzen, 10 Minuten kochen und anschließend abgießen.

❹ Salbei und Knoblauch fein hacken und in Butter leicht anbräunen. Gemüse, Butterkäse und die Hälfte des Parmesans vorsichtig unter die Nudeln heben. Solange ziehen lassen bis der Käse geschmolzen ist.

❺ Während dessen die Walnusskerne in einer Pfanne ohne Fett rösten.

Anrichten Die Nudeln portionsweise in Teller verteilen, mit der Kräuterbutter beträufeln, mit den Parmesanspänen bestreuen und mit gerösteten Walnusskernen garnieren.

Dinkel-Fettuccine „*Taormina*"

Für den Teig
300 g Dinkelvollkornmehl
200 g Dinkelgrieß
5 Eier
3 El Olivenöl
½ Tl Salz

Für die Soße
1 Aubergine
500 g Tomaten
1 gelbe und
  1 grüne Paprika
10 Sardellen
  (in Öl eingelegt)
1 El Salzkapern
50 g schwarze Oliven
  entsteint
1 Zwiebel
2 Knoblauchzehen
50 g Schafskäse
1 Messerspitze
  Peperoncino
Olivenöl
6–8 Rucolablätter
Salz

Für 4–6 Personen

❶ Am Vortag die Nudeln auf Basis des Grundrezepts herstellen. Auf eine gut bemehlte Fläche 2 mm dünn ausrollen in 2 cm breite Streifen schneiden und nach Grundrezept trocknen lassen.

❷ Zwiebel und Knoblauch fein hacken. Aubergine, Paprika und Tomaten in 3 cm große Würfel schneiden.

❸ Zwiebel, Knoblauch und Sardellen in Olivenöl andünsten. Aubergine und Paprika dazugeben und etwa 4–5 Minuten mitdünsten. Tomaten, Kapern und Peperoncino hinzufügen und bei mäßiger Hitze 10 Minuten kochen lassen.

❹ Wasser zum Kochen bringen, die Nudeln darin mit einer 2 Tl Salz 10 Minuten kochen, dann abgießen. Während dessen die Oliven in die Soße geben und weitere 5 Minuten kochen lassen.

Anrichten Die Soße vorsichtig unter die Nudeln heben, in eine vorgewärmte Schale füllen und mit dem geriebenem Schafskäse und ein paar Rucolablätter bestreut servieren.

Kapitel V

Fisch- und Fleischgerichte

„Wer nicht genießt, wird ungenießbar."

Konstantin Wecker

Muschel-Dinkel- Gemüse nach *„Seemannsart"*

❶ Algen wässern, Muscheln gründlich säubern und die Paprika waschen. Paprika und Zwiebel in 3 cm große Würfel, Galgant und Knoblauch in dünne Streifen schneiden.

❷ Die Zwiebeln in Sonnenblumen- und Sesamöl andünsten. Im Anschluss Paprika und Dinkelkörner mit anschwenken. Dann Galgant, Knoblauch, Algen, Bertram Peperoncino und Sojasoße hinzufügen, kurz kochen lassen und warm halten.

❸ In der Zwischenzeit die Muscheln in einen Topf, mit ca. 0,1 l Wasser geben und zugedeckt kurz aufkochen (3–4 Minuten). Den Muschelsud durch ein Tuch abgießen und zum Anrichten. Muscheln, die nicht von selbst aufgehen wegwerfen!

1 kg große Miesmuscheln
50 g getrocknete Seealgen
100 g gekochte
   Dinkelkörner
Je 1 rote, grüne
   und gelbe Paprika
2 Zwiebeln
4 Knoblauchzehen
20 g Galgantwurzel
1 kleiner Bund Koriander
Je 1 Messerspitze Bertram,
   Korianderkörner und
   Peperoncino
1–2 Tl Sojasoße
Sonnenblumenöl
Sesamöl

Für 4–6 Personen

Paprika

Anrichten Das Gemüse in der Tellermitte aufhäufen und die Muscheln im Kreis herum legen. Nach Belieben etwas vom heißen Muschelfond dazu gießen. Mit frisch gehacktem Koriander bestreuen und mit frischem Dinkelbrot servieren.

Lachsfilet an Rucola-Pesto auf Austernpilze
„Mailänder Art"

8 Lachsfilet à 80 g
16 gleich große
  Austernpilze
50 g geriebener
  Parmesan
Dinkelmehl
200 g Paniermehl
2 Eier
Je 1 Messerspitze Bertram,
  Galgantpulver und
  Quendel
Salz

Für das Pesto
100 g Rucola
30 g Pinienkerne
30 g Schafskäse
2 Scheiben frischen
  Galgant
Olivenöl
2 Knoblauchzehen

Für 4–6 Personen

❶ Rucola waschen, abtropfen lassen und mit einem Küchentuch trocken tupfen. Zusammen mit Knoblauch und frischem Galgant in der Küchenmaschine fein zerkleinern. Pinienkerne und Schafskäse hinzufügen und mit Olivenöl zu einer zähflüssigen Masse verarbeiten.

❷ Austernpilze mit Bertram und Salz bestreuen und einziehen lassen. Quendel, Parmesan und Paniermehl vermischen. Eier mit etwas Wasser schlagen, mit Galgantpulver, Bertram und Salz würzen. Die Pilze in Dinkelmehl wenden und in die geschlagenen Eier tauchen, anschließend im Paniermehl. In einer Pfanne den Boden mit Öl bedecken, panierte Pilze goldgelb ausbacken. Nach dem Backen auf einem Papiertuch ablegen und im Backofen warmhalten.

❸ Das Lachsfilet in portionsbreite Stücke schneiden mit Salz und Bertram würzen, in Dinkelmehl wenden und in nicht zu heißem Olivenöl braten.

Anrichten Lachsfilet in die Tellermitte geben, zum Teil mit Pesto überziehen und mit den Austernpilzen umlegen und servieren.

Weinempfehlung Sommerwein vom Klosterweingut der Abtei St. Hildegard.

Thunfisch-Steak und Schollenfilets an Galgant-Zimt-Rotweinsoße

❶ Thunfisch und Schollenfilets salzen, mit Quendel bestreuen, in Dinkelmehl wenden und in Olivenöl kurz braten, warm halten. Den Fond mit dem Rotwein ablöschen, Zimt, Kubebenpfeffer und die Schale des Galgant hinzufügen und Fond auf die Hälfte reduzieren.

❷ Die Frühlingszwiebeln putzen und in ca. 5 cm lange Stücke schneiden, Schalotten schälen, vierteln und in dünne Streifen schneiden. Zum Frittieren in einer Kasserolle Olivenöl erhitzen. Darin die Schalotten, Zwiebeln und den Knoblauch frittieren. Mit Koriander und Salz würzen.

❸ Den Galgant in Scheiben schneiden und in Olivenöl frittieren.

8 Thunfisch-Steaks à 100 g
8 Schollenfilets
50 g frische Galgantwurzel
0,3 l Rotwein
1 Bund Frühlingszwiebeln
200 g Schalotten
2 Knoblauchzehen
Je 1 Messerspitze Quendel
    und Koriander
Kubebenpfeffer
Dinkelmehl
Olivenöl
Salz

Für 4–6 Personen

Frühlingszwiebeln

Anrichten Fisch abwechselnd in Fächerform auf einen vorgewärmten Teller geben, in der Mitte das Zwiebelgemüse dekorativ auflegen. Den Fisch mit der Weinsoße seitlich überziehen und mit dem Galgant garnicren.

Perlhuhnbrust in Seetang-Mantel

4 Stück Perlhuhnbrust
    mit Flügelknochen
50 g getrockneter
    Seetang
Paniermehl
Dinkelmehl
2 Eier
2 Bund Frühlingszwiebeln
500 g bunte Paprika
30 g Galgantwurzel
2 Messerspitzen Bertram
1 Messerspitze Quendel
Öl zum Braten
Salz

Für 4–6 Personen

❶ Das Geflügel waschen und abtupfen. Seetang einweichen und abtropfen lassen. Gemüse putzen und waschen. Fleisch und Seetang mit 1 Messerspitze Bertram, Salz und ⅓ des gehackten Galgants würzen.

❷ Die Perlhuhnbrust in Dinkelmehl wenden, rundherum kurz in Olivenöl anbraten und erkalten lassen.

❸ Die Perlhuhnbrust in Seetang einwickeln und in Dinkelmehl wenden. Eier mit etwas Wasser schlagen und darin das Fleisch vorsichtig eintauchen, panieren, in Öl goldgelb braten und warmhalten.

❹ Paprika in Streifen schneiden, Frühlingszwiebeln in ca. 5 cm lange Stücke schneiden und mit dem in Scheiben geschnittenen Galgant in Olivenöl andünsten. Salzen, mit je 1 Messerspitze Bertram und Quendel würzen.

Anrichten Die Perlhuhnbrust angeschnitten an dem Paprikagemüse servieren.

Hähnchen-Spieße
in Galgant-Knoblauch-Marinade

4 Stück Hähnchenbrust
300 g Broccoli
200 g Kichererbsen
(vorgekocht)
200 g Schalotten
50 g frische Galgantwurzel
2 Knoblauchzehen
1 Zitrone
Olivenöl
Kubebenpfeffer
Salz
8 Holzspieße

Für 4–6 Personen

❶ Die Kichererbsen am Vortag nach dem Grundrezept vorbereiten.

❷ Hähnchenbrust in 4 cm große Würfel schneiden. Galgant schälen und die Schale mit dem Knoblauch fein hacken.

❸ Den Broccoli putzen, waschen, in Röschen teilen und bissfest kochen.

❹ Den geschälten Galgant in Scheiben schneiden, mit den Broccoliröschen und dem Fleisch abwechselnd auf 8 Spieße verteilen. Die Spieße zum Kaltstellen in eine Schale mit Olivenöl legen. Mit gestoßenem Kubebenpfeffer, Knoblauch, Galgantschale und der geriebenen Schale einer halben Zitrone bestreuen. Zugedeckt ca. 1 Stunde im Kühlschrank marinieren.

❺ Die Schalotten schälen, halbieren und mit den vorgekochten Kichererbsen in Öl anschwenken.

❻ Spieße in Olivenöl scharf anbraten und mit dem Saft einer halbe Zitrone besprühen, die Marinade hinzufügen, salzen und nach Belieben nachwürzen.

Anrichten Gemüse auf die Tellermitte geben und die Spieße darauf legen. Gut zu kombinieren mit Dinkel-Fenchel-Risotto.

Puten-Schnitzel in Dinkel-Parmesan-Hülle an Galgant-Poleiminze-Soße

4 Putenbrustschnitzel
   à 150 g
50 g Paniermehl
50 g Parmesan
2 Eier
40 g Galgantwurzel
200 g Schalotten
50 g Walnusskerne
250 g Naturjoghurt
250 g Buttermilch
2 Zweige Poleiminze
Je 1 Messerspitze Bertram
   und Quendel
Geschroteter
   Kubebenpfeffer
Dinkelmehl
Olivenöl
Öl
Salz

Für 4–6 Personen

❶ Buttermilch und Joghurt gut vermischen. Galgant in Streifen schneiden (davon die Hälfte zum Garnieren verwenden), Minze fein hacken, den geschroteten Kubebenpfeffer, Salz und 2 El Olivenöl hinzufügen und alles gut verrühren und kaltstellen.

❷ Putenschnitzel mit Quendel, Bertram und Salz würzen, in Dinkelmehl wenden.

❸ Eier, Parmesan, Paniermehl mit etwas Wasser mischen und zu einer glatten, zähflüssigen Masse rühren. Das Fleisch darin eintauchen und in einer Pfanne mit ein wenig Öl ausbacken.

❹ Schalotten schälen, vierteln und in Olivenöl kurz anschwenken. Walnusskerne dazugeben und kurz mit anschwenken.

Schalotten

Anrichten Die Schnitzel an Schalottengemüse auf vorgewärmten Tellern mit Galgantstreifen und Minzblättern garniert servieren. Die kalte Soße separat reichen. Als Beilage passt sehr gut ein Fenchel-Kürbis-Kastanienpüree.

Mariniertes Kaninchenfilet
an Fenchel-Kürbis-Püree

600 g Kaninchenfilet
2 El Salzkapern
1 Zitrone
3 Fenchel
1 kleiner Hokaidokürbis
1 kleiner Zweig Salbei
0,2 l Sahne
20 g Galgantwurzel
1 Knoblauchzehe
30 g Butter
Dinkelmehl
1 Messerspitze
    Peperoncino
Olivenöl
Salz

Für 4–6 Personen

❶ Kaninchenfilet von den Sehnen befreien. Kapern wässern und fein hacken, Zitrone und Galgant dünn schälen. Galgant und Schalen in sehr feine Streifen schneiden (etwas Galgant für die Garnierung aufheben). Die Hälfte des Salbei fein schneiden. Das Kaninchenfilet mit Olivenöl, Kapern, Zitronenschale, Salbei, Knoblauch und Peperoncino zugedeckt eine Stunde marinieren lassen.

❷ Inzwischen Kürbis waschen, vierteln, die Kerne entfernen und davon 3 Kürbisviertel im Backofen 20 Minuten bei 200° backen.

❸ Fenchel putzen und mit dem Galgant in wenig Wasser weich kochen (4–6 Fenchelscheiben für die Garnierung zur Seite legen), mit dem Kürbis pürieren, Butter hinzufügen und nachwürzen.

❹ Das übriggebliebene Stück Kürbis in dünne Streifen schneiden, in Mehl wenden und kurz mit den Salbeiblättern zusammen frittieren. Für die Garnierung zur Seite stellen.

❺ Filet aus der Marinade nehmen, in Dinkelmehl wenden und in Olivenöl anbraten. Das Fleisch aus der Pfanne nehmen, warmstellen. Einen Esslöffel Dinkelmehl in den Fleischfond einrühren, mit Sahne und Marinade auffüllen, Fleisch dazugeben, einige Minute kochen lassen und mit dem Zitronensaft abrunden.

Weinempfehlung   Weißherbst vom Klosterweingut St. Hildegard.

Lammkoteletts in Mangoldhülle
an Feigen-Pilz-Walnuss-Gemüse

16 langstielige
   Lammkoteletts
200 g Lammhackfleisch
1 Ei
8 große Mangoldblätter
600 g Pilze
100 g Walnüsse
8 feste reife Feigen
1 Zwiebel
2 Knoblauchzehen
1 kleiner Zweig Rosmarin
1 Messerspitze Galgant
2 Messerspitzen Bertram
Olivenöl
Pfeffer
Salz

Für 4–6 Personen

❶ Mit der Rückseite des Messers den Stielknochen der Lammkoteletts glatt putzen, das abgelöste Fleisch leicht klopfen, mit der Hälfte des gehackten Knoblauchs einreiben, mit Salz und Rosmarin würzen, kurz braten und beiseite stellen.

❷ Mangold blanchieren und in Eiswasser abschrecken. Hackfleisch mit dem Ei, 1 Messerspitze Bertram und Galgantpulver, dem restlichen Knoblauch und Salz würzen, auf die Koteletts verteilen.

❸ Den Mangoldstrunk entfernen und die Hälfte der Koteletts in die Mangoldblätter einwickeln, in Olivenöl fertig braten und warmhalten.

❹ Im Fleischfond die gewürfelte Zwiebel andünsten, die Pilze und den in Streifen geschnittenen Mangoldstrunk hinzufügen und einige Minuten schmoren lassen. Die Hälfte der geviertelten Feigen und die Walnüsse dazugeben, mit 1 Messerspitze Bertram würzen und weitere 3 Minuten garen.

Anrichten Das Gemüse auf die Tellermitte geben, mit je zwei Koteletts dekorativ umlegen und mit Feigen und Walnüssen garnieren.

Wildschweinrücken
an Kastanien-Quitten-Kartoffelpüree

600 g Wildschweinrücken
30 g Dinkelmehl
0,3 l Rotwein
30 g Dinkelschrot
1 kleiner Bund
   italienische Kräuter
30 g Parmesan
2 Eier
400 g geschälte
   Kastanien
400 g Quitten
400 g Kartoffeln
50 g Butter
Quendel
Bertram
Kubebenpfeffer
2 Knoblauchzehen
Olivenöl
Dinkelmehl
Salz

Für 4–6 Personen

❶ Kartoffeln und Quitten schälen, salzen und mit Wasser leicht bedecken. Zusammen weich kochen.
❷ Kastanien rösten und ca. ¾ davon in der Küchenmaschine fein mahlen (Rest für die Garnierung aufheben). Die gekochten Kartoffeln und Quitten pürieren. Kastanien, Butter, Quendel hinzufügen und mit einem Schneebesen rasch zu einem sämigen Püree verrühren.
❸ Das Fleisch waschen, abtupfen, von den Sehnen befreien, mit Salz und Quendel würzen und in Olivenöl scharf anbraten. Das Fleisch aus der Pfanne nehmen und in einer Auflaufform zur Seite stellen. Einen Esslöffel Dinkelmehl in den Fleischfond einrühren, mit Rotwein ablöschen, kurz aufkochen und warm halten.
❹ Knoblauch und Kräuter fein hacken, mit Parmesan, Dinkelschrot und Eiern verrühren und auf den Wildschweinrücken gleichmäßig aufstreichen. Vor dem Servieren in einer Auflaufform bei ca. 200° im vorgeheizten Ofen 5 Minuten goldbraun gratinieren.

Anrichten Auf die vorgewärmten Teller mit der Rotweinsoße einen feinen Spiegel aufgießen. Den Wildschweinrücken in dünne Scheiben schneiden, in Fächerform auf den Soßenspiegel legen und das Püree mit einem Spritzbeutel an das Fleisch portionieren. Mit übrigen Kastanien und Kräutern garnieren.

Teil II
Kapitel VI

Beilagen und kleine Gerichte

„Die Kraft Deines Körpers liegt in den Säften der Pflanze"

Shin-Nong

Kürbis-Topinambur-Püree

❶ Kürbis in Alufolie einwickeln und im Backofen bei 200° eine halbe Stunde backen,

❷ Topinambur putzen, schälen und mit Galgant, dem Saft einer ½ Zitrone vermischen, salzen und weich kochen. Den Fenchel mit Stiel längs halbieren, so dass halbe Löffel entstehen und blanchieren.

❸ Kürbis und Topinambur pürieren, mit der Hälfte des Parmesans, Muskatnuss, Butter, Pfeffer und einem Teil der fein gehackten Poleiminze zu einer geschmeidigen Masse verarbeiten.

❹ Die Walnusskerne mit einem Esslöffel Vollrohrzucker karamellieren.

800 g Muskat-Kürbis
500 g Topinambur
1 Fenchel
50 g frische Galgantwurzel
50 g Walnusskerne
1 Zweig Poleiminze
50 g Butter
30 g geriebener Parmesan
1 Zitrone
1 Messerspitze
   Muskatnuss gemahlen
1 El Vollrohrzucker
Salz
Pfeffer

Für 4–6 Personen

Anrichten   Das Püree auf dem Teller mit einem Spritzbeutel sternförmig auftragen, die Fenchellöffel dazwischenlegen und mit den karamellierten Walnusskernen belegen. Das Püree mit den restlichen Parmesanspänen bestreuen, mit Poleiminze-Blättern garnieren und servieren.

Topinambur-Kartoffel-Kürbis-Püree

1 Hokaidokürbis
300 g Topinambur
300 g Kartoffeln
2 Fenchel
50 g Butter
20 g frische Galgantwurzel
1 Messerspitze Quendel
Kubebenpfeffer
1 rote Paprika
   zum Garnieren
1 Zitrone
Salz

Für 4–6 Personen

❶ Kürbis gründlich waschen, Kerne entfernen, Kürbis vierteln und in Alufolie wickeln, im Backofen eine halbe Stunde bei 220° backen.

❷ Kartoffeln und Topinambur schälen und getrennt kochen. Topinambur mit dem Saft einer halben Zitrone garen. Den Fenchel mit Stiel längs halbieren, so dass halbe Löffel entstehen und blanchieren (Das Fenchelgrün aufheben).

❸ Kartoffeln, Topinambur und Kürbis pürieren, mit Butter, Quendel, Kubebenpfeffer, Salz, dem fein gehackten Galgant und die Hälfte des Fenchelgrüns gut vermischen. Die Masse in einen Spritzbeutel geben und in die Fenchelhälften füllen.

❹ Paprika waschen, putzen und in Rauten schneiden.

Anrichten Die gefüllten Fenchelhälften kreisförmig auf den Teller legen und mit Paprikarauten und Fenchelgrün garnieren. Passend zu Lammfleisch oder als Vorspeise.

Kürbis-Quitten-Fenchel-Gemüse

❶ Fenchel waschen, putzen (Fenchelkraut zum Garnieren aufheben), halbieren, in Scheiben schneiden. Zucchini waschen, in viertel Scheiben schneiden, mit dem Fenchel und der gehackten Zwiebel in Olivenöl andünsten.

❷ Quitten schälen, ebenfalls in Scheiben schneiden und zu dem Fenchel geben.

❸ Kürbis waschen, Kerne entfernen, ungeschält vierteln und in Scheiben schneiden. Zucchini waschen und in halbe Scheiben schneiden. Kürbis und Zucchini mit Dinkelkörnern, Fenchelsamen und ¼ l Wasser zu Quitten und Fenchel hinzugeben und 5 Minuten mitkochen. Mit Kubebenpfeffer, Bertram, Galgant und Salz würzen und weitere 5 Minuten garen.

1 kleiner Hokaidokürbis
500 g Quitten
500 g Fenchel
1 kleine Zucchini
50 g gekochte
    Dinkelkörner
Olivenöl
1 Zwiebel
½ Tl Fenchelsamen
Je 1 Messerspitze Bertram
    und Galgantpulver
Kubebenpfeffer
Salz

Für 4–6 Personen

Zucchini

Anrichten In einer Schale mit gehacktem Fenchelkraut servieren.

Frühlingszwiebel-Paprika-Gemüse

3 Bund Frühlingszwiebeln
800 g bunte Paprika
4 Tomaten
4–6 große Austernpilze
1 El Salzkapern
50 g frische Galgantwurzel
2 Knoblauchzehen
2 El Dinkelschrot
Je 1 Messerspitze
   Quendel, Bertram und
   Galgantpulver
Olivenöl
Salz

Für 4–6 Personen

❶ Frühlingszwiebel mit dem Grün in ca. 5 cm lange Stücke schneiden. Paprika putzen, in 4 cm große Würfel schneiden und die Tomaten achteln.

❷ Olivenöl leicht erhitzen, den grob gehackten Knoblauch, Paprika, Zwiebel und Kapern hinzufügen, leicht anrösten, mit dem Dinkelschrot bestreuen und kurz mitdünsten.

❸ Das Paprikagemüse mit Quendel würzen, die Tomaten dazugeben, etwa 3 Minuten kochen lassen und gegebenenfalls nachwürzen. Austernpilze mit etwas Bertram und Galgantpulver würzen, salzen und in wenig Olivenöl anbraten. Galgant in feine Streifen schneiden.

Anrichten   Gemüse in einem vorgewärmte Teller füllen mit Austernpilzen und gehacktem Zwiebelgrün und Galgantstreifen garnieren.

Grüne Bohnen-Kartoffel-Topinambur-Auflauf

400 g Kartoffeln
400 g Topinambur
400 g Stangenbohnen
50 g Butter
50 g Galgantwurzel
50 g Dinkelmehl
50 g frisch geriebene
    Parmesanspäne
0,2 l Sahne
½ l Gemüsebrühe
1 Ei
1 Zitrone
Salz
Kubebenpfeffer
1 Messerspitze
    Muskatnuss
1 Messserspitze Quendel
Olivenöl
2 El Vollrohrzucker
Paprikastreifen zum
    Garnieren

Für 4–6 Personen

❶ Kartoffeln waschen und kochen. Topinambur waschen, schälen und mit dem Saft einer ½ Zitrone bissfest kochen. Stangenbohnen putzen und in 5 cm große Stücke schneiden, blanchieren und mit kaltem Wasser abschrecken.

❷ Topinambur und geschälte Kartoffeln in Scheiben schneiden. In einer Kasserolle Butter erhitzen, das Mehl dazugeben und leicht anschwitzen, Gemüsebrühe nach und nach angießen und bei mäßiger Hitze 10 Minuten kochen.

❸ Sahne, Ei, Muskatnuss, Quendel und die Hälfte des Parmesans vermischen, zur Soße hinzufügen und aufkochen lassen. Zitronensaft und Kubebenpfeffer dazugeben und glatt rühren.

❹ Eine Auflaufform einfetten und abwechselnd Kartoffeln, Bohnen und Topinamur aufschichten, mit der Soße bedecken und mit Parmesanspänen bestreuen und bei 180° ca. 20 Minuten überbacken.

❺ In der Zwischenzeit Galgant in sehr dünne Scheiben scheiden, mit Vollrohrzucker bestreuen, in Dinkelmehl wenden und in Olivenöl leicht anrösten.

Anrichten Auflauf aus dem Ofen nehmen und mit den gerösteten Galgantscheiben und Paprika garnieren.

Spinat in Goldkruste

1 kg Spinat
200 g Gorgonzola
4 Eier
50 g geriebener
    Parmesan
50 g Dinkelschrot
100 g gekochte
    Dinkelkörner
2 El Pinienkerne
2 Knoblauchzehen
Olivenöl
Salz
0,2 l Sahne
0,2 l Vollmilch
Je 1 Messerspitze Bertram,
    Galgantpulver und
    Peperoncino
Schwarze Oliven als
    Garnierung

Für 4–6 Personen

❶ Einen Topf mit ½ l Wasser zum Kochen bringen. Den Spinat samt Wurzel waschen und 3 Minuten lang kochen, abgießen und mit kaltem Wasser abschrecken.

❷ Spinat gut ausdrücken und grob hacken. Knoblauch in feine Würfel schneiden.

❸ Olivenöl in einer Pfanne erhitzen, Knoblauch und Dinkelkörner darin andünsten. Spinat und Gorgonzola hinzufügen. Mit Galgant, Bertram, Peperoncino und Salz würzen und mit Dinkelschrot bestreuen. Alles gut vermengen und 3 Minuten weiter dünsten.

❹ Eine Auflaufform einfetten und mit Spinat auffüllen. Eier, Sahne, Milch und Parmesan schlagen, über den Spinat gießen, mit Pinienkernen bestreuen und im Backofen goldgelb backen.

Anrichten Den Auflauf in der Form oder portioniert auf Tellern mit Schnittlauch und Oliven garniert servieren.

Weinempfehlung Hierzu passt besonders gut ein Rüdesheimer Klosterberg aus dem Klosterweingut St. Hildegard.

Broccoli in Erdnuss-Käsesoße

❶ Broccoli in Röschen schneiden, blanchieren und abschrecken (Wasser aufheben). Den Strunk putzen, in dünne Scheiben schneiden, im Broccolifond weich kochen und mit der Hälfte der Nüsse pürieren.

❷ Butter erhitzen, den Dinkelgrieß dazugeben und leicht anrösten. Broccolipüree und Sahne hinzufügen und mit einem Schneebesen glatt rühren. Die Hälfte des geriebenen Käses, Galgant, Bertram, Salz und Pfeffer dazugeben und ca. 3 Minuten kochen.

❸ Den Broccoli in eine gefettete Auflaufform geben, mit der Käsesoße überziehen, mit den Erdnüssen und dem restlichen Käse bestreuen. Im Backofen bei 180° etwa 5 Minuten überbacken.

Anrichten Der Auflauf kann auch portionsweise in kleinen, feuerfesten Förmchen einzeln überbacken werden.

Weinempfehlung Hier passt besonders ein fruchtiger Weisswein wie zum Beispiel Rüdesheimer Bischofsberg aus dem Klosterweingut St. Hildegard.

1 kg Broccoli
100 g geröstete Erdnüsse
0,2 l Sahne
100 g geriebener
  Emmentaler
50 g Dinkelgrieß
30 g Butter
Je 1 Messerspitze
  Galgantpulver
  und Bertram
Salz
Pfeffer

Für 4–6 Personen

Kichererbsen-Broccoli-Dinkel-Auflauf

500 g Broccoli

200 g gekochte
   Dinkelkörner

200 g vorgekochte
   Kichererbsen

4–6 Tomaten

50 g Parmesanspäne

4–6 Scheiben Galgant

2 El Dinkelschrot

Olivenöl

1 Zwiebel

2 Knoblauchzehen

Je 1 Messerspitze Bertram
   und Peperoncino

Salz

Für 4–6 Personen

❶ Kichererbsen nach Grundrezept vorbereiten.

❷ Broccoli putzen, in kleine Röschen schneiden und blanchieren (das Blanchierwasser aufheben). Den Strunk schälen und grob hacken. Zwiebel und Knoblauch in Olivenöl andünsten. Broccoli und Broccolistrunk dazugeben, mit Dinkelschrot bestreuen, umrühren, 0,3 l Broccoliwasser und die Hälfte des Parmesan hinzufügen und aufkochen.

❸ Die Tomaten in Sechstel schneiden (etwa ⅓ der Tomaten zum Garnieren aufheben). Tomaten, Dinkelkörner und Kichererbsen (ohne Flüssigkeit) zum Broccoli dazugeben.

❹ Mit Peperoncino und Bertram würzen, salzen, umrühren und in eine Auflaufform oder portionsweise in feuerfeste Teller füllen. Mit dem restlichen Parmesan bestreuen und 5 Minuten bei 200° goldgelb überbacken. Galgant in feine Streifen schneiden.

Anrichten   In Teller verteilen, mit den Galgantstreifen und Tomatensechsteln garnieren.

Kastanien-Quitten-Püree auf Kürbisring

1 kleiner Hokaidokürbis
4 Quitten
300 g geschälte Kastanien
300 g Kartoffeln
50 g Butter
0,2 l Sahne
Galgantpulver
Quendel
Salz

Für 4–6 Personen

❶ Kartoffeln und Quitten schälen und getrennt kochen. Inzwischen Kastanien rösten und mahlen ca. ⅕ der Kastanien zum Garnieren aufheben.

❷ Kürbis waschen und ungeschält in fingerbreite Ringe schneiden. Ein paar Späne von den Kürbisresten zur Dekoration abhobeln. Kürbisringe mit Salz einreiben und 10 Minuten stehen lassen. Auf Backpapier im vorgeheizten Backofen ca. 15 Minuten bei 160° backen.

❸ Kartoffeln und Quitten pürieren. Gemahlene Kastanien, Butter und Sahne dazugeben, mit Galgant, Quendel würzen, salzen und mit einem Schneebesen glatt rühren.

Anrichten   Die noch heiße Masse in einen Spritzbeutel füllen. Das Püree in die Mitte der Kürbisringe spritzen mit ganzen Kastanien und Kürbisspänen oder auch mit Spitzen von Minzzweigen garnieren.

Weinempfehlung   Hier passt sehr gut eine Rüdesheimer Bischofsberg Spätlese aus dem Klosterweingut St. Hildegard.

kastanien

Mangold-Dinkelgemüse
mit Parmesan-Walnuss-Soße

❶ Mangold putzen, Stiele trennen und in 4 cm Stücke schneiden. Ganze Blätter und Stiele getrennt blanchieren.

❷ Die Hälfte der Walnusskerne grob hacken und die Orangen filetieren.

❸ In einer Kasserolle die Butter schmelzen, das Dinkelmehl darin anschwitzen, Milch dazugeben und glatt rühren. Mit Muskatnuss, Bertram, Salz und Pfeffer würzen. Die grob gehackten Walnüsse und Dinkelkörner hinzufügen und weitere drei Minuten kochen.

❹ Die Hälfte der Mangoldblätter schneiden, mit den Stielen und der Hälfte der Soße vermischen. Die andere Hälfte zum Garnieren aufheben. Das Mangoldgemüse in eine Auflaufform füllen mit der restlichen Soße bedecken, mit Parmesan bestreuen und mit Orangenfilets belegen. Im Backofen bei ca. 200° Oberhitze gratinieren.

❺ Den Zucker in eine Kasserolle geben und bei mäßiger Hitze die Walnüsse darin karamellieren.

Anrichten Ein Mangoldblatt auf jeden Teller legen. Das Mangoldgemüse auf die Blätter portionieren und mit den karamellierten Walnüssen garnieren.

1 kg Mangold
100 g gekochte
   Dinkelkörner
200 g Walnusskerne
0,3 l Milch
2 El Dinkelmehl
2 Orangen
30 g Parmesan
50 g Butter
50 g Vollrohrzucker
Je 1 Messerspitze Bertram
   und Muskatnuss
Salz
Pfeffer

Für 4–6 Personen

Teil II
Kapitel VII

Süßspeisen und Gebäck

„Ein ganz klein wenig Süßes kann viel Bittres
verschwinden lassen.“

Francesco Petrarca

Dinkel-Klöße auf Quitten-Gemüse an Rotwein-Orangensoße

200 g Dinkelgrieß
0,8 l Milch
2 Eier
50 g Quark
4 Quitten
2 Möhren
2 Orangen
4 Schalotten
0,3 l Rotwein
Je 1 Messserspitze Zimt
    und Bertram
2 El Dinkelschrot
Olivenöl
Salz
50 g Vollrohrzucker

Für 4–6 Personen

❶ Die Milch zum Kochen bringen, den Dinkelgrieß vorsichtig unter rühren einrieseln und gut aufkochen lassen, bis ein fester Teig entsteht. Zum Garen der Klöße einen Topf mit leicht gesalzenem Wasser zum Kochen bringen.

❷ Die Masse aus der Kasserolle nehmen und noch lauwarm Bertram, Eier und Quark dazugeben und gut vermischen. Aus der lockeren Masse mit zwei nassen Esslöffeln und möglichst wenig Druck die Klöße formen, direkt in das heiße, nicht mehr kochende Wasser geben und ziehen lassen bis die Klöße nach oben schwimmen.

❸ Inzwischen Quitten schälen, in Spalten schneiden und in ¼ l leicht gezuckertem Wasser bissfest kochen.

❹ Schalotten putzen und Möhren schälen. Möhren in Scheiben schneiden und in Olivenöl kurz dünsten, die gekochten Quitten dazugeben und ca. 5 Minuten mitkochen.

❺ Die Schalotten vierteln und zusammen mit der in Streifen geschnittenen Schale von zwei gut gewaschenen Orangen in Olivenöl leicht andünsten, mit Vollrohrzucker und Dinkelschrot bestreuen und mit dem Rotwein und dem Quittenfond auffüllen. Mit Zimt und einer Prise Salz würzen und bei mäßiger Hitze auf die Hälfte reduzieren. Die Orangen filetieren.

Anrichten Quitten und Orangen abwechselnd auf die Tellermitte legen, 3 Klöße gegenüber legen und mit der Weinsoße überziehen.

Dinkelgrieß-Schnitte

❶ Die Milch zum Kochen bringen, den Dinkelgrieß vorsichtig unter Rühren einrieseln und gut aufkochen lassen bis eine feste Masse entsteht. Die Eier unter die noch lauwarme Masse rühren.

❷ Die Masse auf ein angefeuchtetes Backblech 2 cm dick aufstreichen und abkühlen lassen.

❸ Quitten schälen, in Würfel schneiden und in einem Topf leicht bedeckt mit Wasser und dem Vollrohrzucker bissfest kochen.

❹ Aus den Äpfeln das Kerngehäuse entfernen, mit der Schale in Würfel schneiden und ebenfalls in einem Topf mit wenig Wasser bissfest kochen und erkalten lassen.

❺ Die Grießmasse in 10 cm große Rauten schneiden. Sonnenblumenöl in einer Pfanne erhitzen, die Grießrauten goldgelb braten und mit Zimt und Zucker bestreuen.

250 g Dinkelgrieß
1 l Milch
2 Eier
Salz
Zucker
Zimt
Sonnenblumenöl
4 Äpfel
2 Quitten
3 Scheiben frischer
   Galgant
100 g Vollrohrzucker
3 Zweige Poleiminze

Für 4–6 Personen

Anrichten Auf einem Teller fünf Rauten sternförmig auflegen. Quitten und Äpfel vermischt in die Tellermitte zwischen die Griesschnitten geben und mit Poleiminze-Blättern garnieren.

Nuss-Auflauf mit eingesetzten Äpfeln und Vanillesoße

❶ Die Äpfel schälen, Kerngehäuse entfernen und kurze Zeit in Zuckerwasser vordünsten. Rosinen mit dem Rum einweichen und die Äpfel mit den Rumrosinen füllen.

Für den Auflauf
4 Eier
4 Eiweiß
100 g Zucker
100 g gehackte
   Haselnüsse
60 g Dinkelschrot
2 cl Rum
2 cl warmes Wasser
20 g Vanillezucker
Eine Priese Salz
4 große Äpfel
100 g Rosinen

Für die Vanillesoße
1 l Milch
4 Eigelb
25 g Dinkelgrieß
5 Tropfen Vanilleextrakt

Für 4–6 Personen

Ei

❷ 2 mal vier Eier trennen. Davon vier Eigelb mit dem Apfelfond und Zucker schaumig schlagen. Den Eischnee aus 8 Eiweiß unter das schaumige Eigelb heben, dann vorsichtig mit dem Schneebesen die Haselnüsse und den Dinkelschrot unterheben.
❸ In eine Auflaufform füllen, anschließend die Äpfel einsetzen. Bei 170° ca. 15 Minuten goldbraun backen.
❹ Für die Soße die restlichen 4 Eigelb mit dem Zucker und dem Grieß gut vermischen. Nach und nach die warme Milch unterrühren, Vanilleextrakt hinzufügen und alles zusammen unter ständigem Rühren aufkochen. Passieren und warm oder kalt zum Auflauf servieren.

Das Grießwunder (Dinkelgrießauflauf)

❶ Die Orange gründlich waschen, von der Schale etwa 2 Teelöffel fein reiben und die Orange filetieren.

❷ Zucker und Eier schaumig rühren. Salz, Orangenschale, Grieß und Backpulver einrühren und in eine gefettete Form füllen. Die Orangenfilets in die Masse verteilen und bei 160° ca. 15 Minuten goldgelb backen.

❸ Dann mit heißer Milch übergießen und weitere 10 Minuten backen.

❹ Aus der Form nehmen und mit Zimtzucker bestreuen. Da der Auflauf sehr hoch geht, sollte eine größere Form verwendet werden die maximal bis zu einem Drittel der Höhe befüllt wird.

4 Eier
150 Zucker
150 g Dinkelgrieß
1 l Milch
1 Orange
1 Päckchen Backpulver
1 Prise Salz
50 g Zimtzucker

Für 4–6 Personen

Anrichten Auflauf ganz oder portionsweise mit übrigen Orangenfilets und Orangenschalen garnieren. Auch leicht angedickte Waldbeeren passen gut dazu.

Weinempfehlung Hier passt sehr gut ein aromatischer Dessertwein zum Beispiel Marsala.

Rührkuchen mit Dinkelgrieß

❶ In einer Rührschale den Dinkelgrieß mit der Milch verrühren und ca. 30 Minuten quellen lassen.

❷ Eier, Margarine und Zucker in einem zweiten Rührgefäß schaumig schlagen. Den eingeweichten Grieß darunter rühren.

❸ Rum, Zimt und Vanillezucker dazugeben, das Backpulver mit dem Dinkelmehl mischen und unter die Masse rühren.

❹ Eine Kastenform einfetten, mit Paniermehl ausstreuen und einfüllen. Bei 180° im vorgeheizten Backofen ca. 1 Stunde backen (Sicherheitshalber mit einem Holzpieß den Garzustand prüfen).

3 Eier
125 g Butter
150 g Zucker
125 g Dinkelgrieß
125 g Dinkelmehl
¼ l Milch
½ Päckchen Backpulver
2 cl Rum
1 Messerspitze Zimt
1 Päckchen Vanillezucker

Für 4–6 Personen

Anrichten Den Kuchen als ganzes Stück oder in Scheiben auf eine Kuchenplatte oder Brett legen und mit Puderzucker bestäuben. Auch mit einem Fächer aus Mangoscheiben und Minzzweigen dekoriert sehr schön zu servieren.

Dinkeltorte mit Brie an Grappa-Kirschen

250 g Dinkelmehl
125 g Butter
130 g Vollrohrzucker
5 Eier
200 g Brie
100 g Ziegenkäse
250 g Sahne
Salz
Kubebenpfeffer
1 Glas Sauerkirschen
5 cl Grappa
2 El Stärke

Für 4–6 Personen

❶ Auf einer Backunterlage das Dinkelmehl mit einem Ei, 2 Esslöffel Wasser, Butter, 80 g Vollrohrzucker und einer Prise Salz rasch zu einem glatten, gleichmäßigen Teig kneten. In Frischhaltefolie eingewickelt 30 Minuten kalt stellen.

❷ Eine eingefettete Springform mit dem ausgerollten Teig bis zur Oberkante auslegen und mit einer Gabel den Boden mehrfach einstechen.

❸ Die Sahne und die restlichen Eier schlagen, mit einigen Körnern Kubebenpfeffer und ½ Tl Salz würzen. Den Brie in ca. 1 cm dicke Scheiben schneiden, den Teigboden damit auslegen und die Ei-Sahne darüber gießen. Bei 200° im vorgeheizten Backofen ca. 20 Minuten vorbacken.

❹ Den Kirschsaft in einen kleinen Topf abgießen, mit 50 g Vollrohrzucker aufkochen und mit der Stärke leicht binden. Kirschen und Grappa hinzufügen ca. 5 Minuten leicht mitkochen lassen.

❺ Nach 20 Minuten Backzeit den in Scheiben geschnittenen Ziegenkäse auf den noch nicht durchgebackenen Kuchen legen, mit einer Gabel leicht nach unten drücken und in ca. 15 Minuten fertig backen bis der Ziegenkäse goldgelb ist.

Anrichten Die Kuchenstücke portionsweise auf kleine Teller legen, die Grappakirschen neben den Kuchen legen und die spitze Seite das Kuchens etwas mit der Soße überzogen servieren. Hierzu passt gut ein alter Grappa, zum Beispiel ein „Brunello Montalcino".

Nussplätzchen „Bianche e Nere"

❶ Das Mehl mit dem Backpulver vermischen und in eine Schüssel sieben. Muskatnuss, Zitronen-, Mandarinen- und Orangenschalen reiben. Die Mandeln, Haselnüsse und Walnüsse fein mahlen.

❷ Mehl, geriebene und gemahlene Zutaten mit der Milch gut vermengen und zu einem festen, trocken gebundenem Teig kneten. Den Teig in gleiche Portionen aufteilen und in etwa 4 cm dicke Teigstränge rollen.

❸ Ein Backblech mit Backpapier auslegen und die Teigrollen mit 2 cm Abstand auslegen. Im vorgeheizten Ofen bei 180° ca. 30 Minuten backen. Das Gebäck herausnehmen und die noch heißen Teigrollen leicht schräg in fingerdicke Scheiben schneiden. Die geschnittenen Plätzchen wieder lose verteilt auf das Backblech geben und weitere 5 Minuten fertig backen und danach auskühlen lassen.

❹ Im Wasserbad die Kakao-Glasur auflösen, am besten in einer Metallschale. Die Plätzchen zur Hälfte eintauchen, und zum Erkalten auf ein Abtropfgitter legen. Danach die gegenüberliegenden Seiten der Plätzchen mit der weißen Schokoglasur versehen.

Für den Teig
500 g Dinkelmehl
1 Päckchen Backpulver
1 ganze Muskatnuss
   gerieben
1 Tl Galgant
2 Biozitronen
2 Mandarinen
2 Orangen
150 g Mandelkerne
150 g Haselnusskerne
150 g Walnusskerne
380 g Zucker
2 Eier
50 g warme Butter
0,1 l Milch
1 Priese Salz

Für die Glasur
300 g Becher Kakaoglasur
300 g oder Becher weiße
   Schokoladenglasur
   (ersatzweise
   Blockschokolade)

Für 4–6 Personen

Anrichten Gebäck zu Kaffee oder zwischendurch servieren.

Weinempfehlung Dazu passt sehr gut ein „Moscato di Pantelleria"

Weihnachtsrosen „*Cartellate*"

❶ Hefe und Dinkelmehl vermischen, mit Sambuca, Orangenschale, Orangensaft und einer Prise Salz zu einem elastischen, gleichmäßigen Teig verarbeiten. Eine halbe Stunde kaltstellen.

❷ Den Teig dünn ausrollen, und 50 cm lange und 4 cm breite Bänder schneiden. Diese in einem Abstand von ca. 5 cm mit 2 Fingern nach oben zusammenklappen, so dass kleine Taschen entstehen. Das Teigband eng aufrollen und das innere Ende zwischen zwei Taschen festdrücken. Bei jeder weiteren Umdrehung festdrücken bis ein rosenartige Form entsteht. Das Ende zum Schluss an der Außenseite fest andrücken.

❸ In einem hohen Topf das Öl zum erhitzen und darin die Rosen goldgelb ausbacken und mit einem Papiertuch überschüssiges Fett abnehmen.

❹ Ein Sieb mit Auffangschale zum Abtropfen herrichten. Rotwein und Honig in einen Topf geben und ⅓ reduzieren. Die Rosen lose hinein legen und kurz einkochen und danach auf dem Sieb abtropfen lassen. Mit allen Rosen die Prozedur 2 Mal wiederholen. Den restlichen Wein weiter reduzieren lassen.

Für den Teig
500 g Dinkelmehl
1 Päckchen Trockenhefe
1 Prise Salz
2 cl Sambuca
0,3 l frisch gepresster
 Orangensaft
Die geriebene Schale
 einer Orange
Öl zum Frittieren

Für die Glasur
1 l Rotwein
1 kg Honig
50 g Pinienkerne
Bunte Zuckerperlen

Für 4–6 Personen

Anrichten Die Rosen auf eine Servierplatte legen, mit dem restlichen Weinsirup übergießen und mit Pinienkernen und Zuckerperlen bestreuen.

Kapitel VIII

Brote

„Brot ist der Stab des Lebens."

Jonathan Swift

Dinkelbrot

❶ Dinkelmehl in eine Schüssel geben, Salz gut untermengen, in die Mitte eine Mulde drücken und die
Hefe hineingeben. Einen Teil der Flüssigkeit hinzugeben und einen kleinen Vorteig zubereiten. Die Hefe
in der Teigmulde 15 Minuten aufgehen lassen.

❷ Nach 15 Minuten den Rest der Flüssigkeit hinzufügen und zu einem glatten Teig kneten. Mit einem
Tuch zugedeckt an einem warmen Ort 60–90 Minuten
gehen lassen. Den Teig so formen, dass sich das
Volumen der Brote gut auf das doppelt vergrößern
kann und in eine oder mehrere Kastenformen geben.
Den Teig in den Formen nochmals 40 Minuten
gehen lassen.

❸ Backofen auf 220° vorheizen. Vor dem Backen
mehrfach 1 cm tief einschneiden, mit Wasser bestreichen und in der Mitte backen.

❹ Nach 20 Minuten die Temperatur auf 180° verringern und weitere 40 Minuten backen.

1 kg Dinkelmehl
20 g Salz
0,8 l Wasser
40 g Hefe

Dinkelvollkornbrot

❶ Die Dinkelkörner gut waschen, über Nacht mit Wasser überdeckt einweichen und an einen warmen Ort stellen.

❷ Die gut aufgequollenen Dinkelkörner abseihen und in einem Fleischwolf (grobe Scheibe, alternativ im Mixer) zerkleinern.

❸ Das Mehl in eine Schüssel geben, in die Mitte eine Mulde drücken, die Hefe hinein bröckeln, 0,2 l lauwarmes Wasser dazu geben und einen Vorteig zubereiten. Nach 15 Minuten den Teig weiter durchkneten, die zerkleinerten Dinkelkörner gut untermengen und das restliche Wasser hinzufügen, weiter kneten und ca. 90 Minuten und gehen lassen.

❹ Den Teig zu Broten formen und je nach Größe in eine oder mehrere Kastenformen legen (Die Form sollte maximal ⅔ befüllt sein). In der Form nochmals 40 Minuten gehen lassen.

❺ Backofen auf 220° vorheizen. Das Brot mit Wasser bestreichen und 20 Minuten backen. Dann die Temperatur auf 180° verringern und weitere 50 Minuten backen. Das Brot im ausgeschalteten Ofen langsam abkühlen lassen. Nach dem Herausnehmen nochmals mit etwas Wasser bestreichen.

1 kg Dinkelkörner
1 kg Dinkelvollkornmehl
¾ l Wasser
70 g Hefe
30 g Salz

Variante   500 g Dinkelkörner ersetzen durch 500 g eingeweichte Sonnenblumenkerne.

Dinkelschrot-Kartoffel-Oliven-Brot

❶ Dinkelschrot in eine Schüssel geben, 0,8 l lauwarmes Wasser darüber gießen und gut vermengt möglichst über Nacht warm stehen lassen.

❷ Kartoffeln waschen, kochen, schälen und pürieren. Die pürierten Kartoffeln mit der Hefe und dem eingeweichten Dinkelschrot gut vermengen und 25 Minuten stehenlassen.

❸ Salz, Olivenöl, Vollkornmehl, Chilischoten, Oliven und das restliche Wasser untermengen, gut durchkneten. Zugedeckt an einem warmen Ort 90 Minuten gehen lassen.

1 kg Dinkelvollkornmehl
0,7 kg Dinkelschrot
1 kg Kartoffeln
100 g Hefe
40 g Salz
1,2 l Wasser
150 ml Olivenöl
1 gemahlene Chilischote
300 g schwarze entkernte
   Oliven

Oliven

❹ Den Teig auf ein Backblech formen oder in eine/ mehrere Kastenform(en) legen, nochmals 40 Minuten gehen lassen und mit Wasser bestreichen. Im vorgeheizten Backofen 30 Minuten bei 220° backen, dann die Temperatur auf 180° reduzieren und in ca. 40 Minuten fertig backen. Aus der Form nehmen und auf einem Gitter abkühlen lassen.

Dinkel-Kichererbsen-Brot

❶ Kichererbsen waschen und über Nacht einweichen lassen. Dinkelschrot in eine Schüssel geben, 0,5 l lauwarmes Wasser dazugeben, gut vermengen, warm stellen und ebenfalls über Nacht stehenlassen.

❷ Kichererbsen abgießen und auf einem mit Backpapier belegten Backblech im Backofen bei 200° leicht goldgelb rösten.

❸ Den Dinkelschrot gut durchrühren, die Hefe hinzufügen, sorgfältig verrühren und 15 Minuten stehenlassen. Dann Salz, Kichererbsenmehl, geröstete Kichererbsen, Vollkornmehl und den Rest Wasser untermengen und durchkneten. Zudecken und ca. 90 Minuten warm stellen.

❹ Den Teig auf ein Backblech formen oder in eine/mehrere Kastenform(en) legen und nochmals 40 Minuten gehen lassen.

❺ Backofen auf 220° vorheizen. Die Brote mit Wasser bestreichen 30 Minuten bei 220° backen, dann die Temperatur auf 180° reduzieren und in ca. 40 Minuten fertig backen.

500 g Kichererbsen
500 g Kichererbsenmehl
500 g Dinkelschrot
1 kg Dinkelvollkornmehl
100 g Hefe
40 g Salz
1,5 l Wasser

Variante   Zusätzlich 500 g Datteln ohne Kerne und 0,2 l Wasser beigeben.

Teil III

Anhang

Kurzbiographien

Sr. Hiltrud Gutjahr OSB

Sr. Hiltrud Gutjahr, geboren am 21. August 1941 in Mainz, Studium an der Hochschule für Erziehung in Frankfurt sowie an der Pädagogischen Hochschule in Freiburg. Fünf Jahre Schuldienst in Tiengen, Freiburg und Singen. Im Oktober 1969 Eintritt in die Abtei St. Hildegard. Bis Juli 2002 in verschiedenen Bereichen des Klosters tätig. Seit 20 Jahren intensive Beschäftigung mit den Werken der hl. Hildegard. Seit 2002 Wallfahrts- und Pilgerseelsorgerin am Schrein der heiligen Hildegard in Eibingen bei Rüdesheim am Rhein. Sr. Hiltrud Gutjahr ist Leiterin eines Hildegard-Gesprächskreises in Rüdesheim sowie gesuchte Referentin und Kursleiterin von Fastenkursen und Besinnungstagen mit Impulsen aus den Visionen der hl. Hildegard.

Pasquale Piccinno

Pasquale Piccinno wurde 1943 in Trepuzzi, einem Ort in der Provinz Apulien, in Italien geboren. Er wuchs als das Fünfte von elf Kindern auf und begann 1959 eine Lehre als Koch.

Sein Weg führte ihn 1969 nach Deutschland, wo er für das Hotel und Restaurant Café Blum in Wiesbaden tätig war. 1972 wurde Pasquale im Hotel und Restaurant Schwan in Oestrich-Winkel Chef Saucier. Er legte die Prüfung zur Ausbildereignung ab sowie 1981 die Küchenmeisterprüfung. Im selben Jahr nahm er an der Kochkunstausstellung in Karlsruhe teil und gewann eine Bronzemedaille, 1985 folgten Gold und Silber.

Neben Stellen als Küchenchef und Restaurantbetreiber durfte Pasquale Piccinno im Schloss Reinhartshausen in Eltville-Erbach (Rheingau) auch für Sean Connery, Bernd Eichinger und den König von Birma kochen. Bis zu seinem Eintritt in den Ruhestand 2008 wirkte er als Küchenleiter in der Abtei St. Hildegard, in Rüdesheim-Eibingen. Auch heute lässt sich Pasquale Piccinno die Liebe zu seinem Beruf nicht nehmen und gibt Kochkurse zur italienischen Küche als Dozent am Volksbildungswerk Wiesbaden-Nordenstadt.

Stichwortverzeichnis

Impressum

Genehmigte Sonderausgabe für Verlagsgruppe Weltbild GmbH, Steinerne Furt, D-86167 Augsburg, Deutschland.
Copyright © 2011 Tutto Libro nachhaltige Medien UG, haftungsbeschränkt, Unterfeldstraße 17, D-86199 Augsburg, Deutschland.

Idee und Konzept Achim Liebeskind, Sr. Hiltrud Gutjahr und Pasquale Piccinno

Leitender Redakteur und Projektleitung Achim Liebeskind

Lektorat Lisa Hilbich, Miesbach

Entwurf, Typografie und Satz Baron von Fonthausen (Jacques Le Bailly)

Benutzte Schriftarten Biblon Pro (Storm Type Foundry) und Panno Text (Bold Monday)

Gesamtherstellung Typos, tiskařské závody, s.r.o., Plzeň Printed in the EU

978-3-8289-1476-6

2013   2012   2011
Die letzte Jahreszahl gibt die aktuelle Lizenzausgabe an.

Einkaufen im Internet:
www. weltbild.de

Adressen

Tutto Libro nachhaltige Medien UG
Unterfeldstraße 17, D-86199 Augsburg, Deutschland
info@tuttolibro.de
www.tuttolibro.de

Abtei St. Hildegard, Klosterladen
Klosterweg, 65385 Rüdesheim am Rhein, Deutschland
Telefon 0049 (0)6722 499-116
klosterladen@abtei-st-hildegard.de
www.abtei-st-hildegard.de

Pasquale Picinno, Küchenmeister
Lahnstraße 22, D-65195 Wiesbaden, Deutschland
ppdel.piccinno@web.de

Bildnachweis

Bernd Jaufmann, Augsburg S. 174, 179, 181, 183, 185, 187, 189, 191

Jan Hendrick Hastaedt, Herford S. 13, 21, 81, 87, 91, 95, 101, 103, 111, 113, 115, 122, 125, 127, 129, 131, 135, 137, 139, 141, 143, 145, 147, 149, 151, 155, 157, 159, 161, 163, 165, 169, 171, 173, 177, 192, 195, 197, 199, 201, U1 (oben)

Achim Liebeskind, Augsburg S. 10, 25, 27, 29, 45, 68, 78, 84, 85, 89, 93, 94, 99, 104, 105, 107, 117, 119, 121, 124, 167, 170, 202, U1 (unten), U4

Abtei St. Hildegard S. 12, 20

Stock.XCHNG S. 12, 20, 37, 53, 58, 64, 66, 71, 86, 134, 144, 158, 180, 198

iStockphoto S. 28, 30, 33, 55, 55, 100, 138

Photl.com S. 45, 82, 96, 108, 132, 152

RGBstock S. 39, 40, 49

Flickr.com S. 73, 75

Photoxpress S. 72

Mit freundlicher Unterstützung

Abtei St.Hildegard, Rüdesheim am Rhein
Volksbildungswerk Wiesbaden-Nordenstadt
„Graues Haus" Oestrich-Winkel, Herr Ernst-Ludwig Schulz, Frankfurt
Familie Weiss, Augsburg
Artyshock, Augsburg
Formwerkstatt, Frau Andrea Kraus, Augsburg
Klüppel GmbH Home & Garden, Augsburg